唐诗是一曲风流 3

元稹诗传

桃花潭水/著

时事出版社

图书在版编目(CIP)数据

唐诗是一曲风流.3,元稹诗传 / 桃花潭水著.—北京:
时事出版社,2015.1

ISBN 978-7-80232-797-9

Ⅰ.①唐… Ⅱ.①桃… Ⅲ.①元稹(779~831)-传记
②元稹(779~831)-唐诗-诗歌欣赏 Ⅳ.①K825.6 ②I207.22

中国版本图书馆 CIP 数据核字(2014)第282228 号

出版发行:时事出版社
地　　址:北京市海淀区万寿寺甲 2 号
邮　　编:100081
发行热线:(010)88547590　88547591
读者服务部:(010)88547595
传　　真:(010)88547592
电子邮箱:shishichubanshe@sina.com
网　　址:www.shishishe.com
印　　刷:北京建泰印刷有限公司

开本:880×1230　1/32　印张:8　字数:139 千字
2015 年 1 月第 1 版　2015 年 1 月第 1 次印刷
定价:29.80 元

序言

站在历史长河的此端，回首望去，有一位清癯老人，吟唱着“取次花丛懒回顾，半缘修道半缘君”。待定睛一看，原是那位痴情才子元稹是也。他迤逦而来，脚下朵朵莲花次第盛开。

无论后人是以多情才子薄情郎来评价这位诗人，还是以几度高升、几度受贬来定位这位人臣，都无可厚非。过往的历史人物，他们的功过，本就不需要后人来加以评说。无论怎样，元稹这位以《莺莺传》而声名鹊起的才子，他的一生从他降临这个人世的那一刻起，便注定是一个传奇。

他自幼便喜文弄墨，博览群书。8 岁父亲离世，母亲亲授书传。15 岁及第，从此走上读书做官的入仕之路。那时的他，还是一个天真烂漫的翩翩少年，胸中自是抱着“修身齐家治国平天下”的伟大宏愿。未经世事的他岂会知晓，前路漫漫，凶险密布。

年少的他写过“不是花中偏爱菊，此花开尽更无花”，腹中才略早已让人惊叹。26 岁时更是写出了轰动文坛的佳作《莺莺传》。无论在当时文人墨客争相传颂和效仿，还是即使是岁月淹没了历史的尘埃，这部著作也是经久不衰的上上之作，显示着它熠熠生辉的生命力。

几度风雨几度春秋，在人生的希望与失望交替之间，他亦在宦海的沉浮中颠沛流离。元稹的一生可谓一波三折，就像一艘船，在驶往梦想彼岸的途中，早已是身心俱疲。但在暴风雨后，茫茫水域风帆依然高举，乘风破浪，一往无前。

元稹在仕途上，曾五受诬陷五遭贬斥，可以说他的仕途是在不断地冤屈中度过的。他曾位居丞相，一人之下，万人之上；也曾被贬偏远之地，受尽劳苦。但无论处于怎样的地位，这位一心想要报效国家的唐才子，从未改变过自己的初心：精忠报国。这样的元稹，他的心迹唯有他的那首诗可以表白一二："荷叶水上生，团团水中住。泻水置叶中，君看不相污"。

即使仕途坎坷，元稹也有让他宽慰浮生的良人。那便是让他怀念一生的妻子韦丛，她的贤良、体贴，使元稹在她离世之后，为她写下了一系列感人至深的情诗，流传千古。浮生若梦，得此良人，岂不足够，若有来生，定要长长久久。而今生只有"唯将终夜长开眼，报答平生未展眉"了。

大和五年（公元 831 年），年仅 53 岁的元稹，卒于岳州（今湖南省岳阳市）。他带着一颗被现实打击得破碎的心驾鹤西去。一代传奇就此落幕，只是这世间再无口生莲花般的唐才子元稹了。

目录 CONTENTS

第一章 旭日初升

第一节

慈父见背家道中落

每一段传奇，都从俯瞰一座城市开始。长安城，这座在终南山脚下熠熠生辉的明珠，如同一颗眼睛落在中原大地，静静守望着浮世百态、人间悲喜。皇帝、武将、文人、歌姬，伴随着叮咚作响的酒杯，他们的故事缠绕住多少不甘寂寞的灵魂，岁月流转，情味依旧。元稹的传奇，也从这座长安城开始。

安史之乱之后，昔日强盛的李唐王朝开始走向没落之途，至于这场祸乱纠葛的原因，与其说是权臣谋逆导致的举国之乱，不如说在奢华糜烂的王朝背后，党羽之争如同一颗毒瘤，早已腐蚀着朝廷的根基。曾经不可一世的大唐王朝，如今已是劣迹斑斑，风雨飘摇，内忧外患，民不聊生。

即便如此，朝野上下，官员们仍沉浸在盛世王朝的美梦之中，他们贪图享乐，不问政事，将自己的身体和灵魂交于美酒舞姬。觥筹交错之中、醉眼朦胧之际，权力的游戏不断上演，戏码却是那些无辜的黎民百姓。为人臣子，他们已然不知身处何地，不知责任为何。

对于安史之乱，他们不觉得是朝廷的不祥之兆，只以为那是刁民之举，乌合之众而已，不值一提。那种走向衰落的危机感，亦丝毫没有在官员心中荡起涟漪，他们依然悠哉乐哉，在花鸟虫鱼中消遣着士大夫的情怀——这其中就包括元氏家族。

元氏一族的祖先是鲜卑族，姓拓跋氏，自魏建立之后，家族将姓氏改为元，虽然在北周年间，家族一度将姓氏改回为拓跋氏，但从隋朝开始，家族正式将元作为自己的姓氏，并世代传承。自随魏孝文帝迁都洛阳之后，元家便一直生活在这里。

说起元氏家族，在朝廷里也算得上是首屈一指，家族绵延百年，人才辈出，从后魏开始，历经北周、隋朝，到如今的唐朝，元家子弟入朝为官者不计其数，上到尚书、侍郎，下到刺史、县令，鸿儒俊彦，皆出元门。可以说，元氏一脉在当时算得上是名门望族，不可小觑。

元府当时所居的庭院，位于靖安坊的西北隅，此座庭院历史悠久，是隋朝时，时任兵部尚书平昌郡公元岩出兵有功，皇帝御赐此地作为犒赏。庭院大气磅礴，又不失幽微之趣，一条曲折的小溪贯穿南北，两边满是花草树木，既有偌大的古槐遮阳蔽日，又有数种花草布满院落。树荫蝉鸣、流水花香，元家人便在这样安适的小天地中过着富裕而悠闲的生活。

中唐时期，这里便是元宽和弟弟元宵的府宅，元宽当时在朝廷任舒王府长史，而弟弟则任侍御史，两人虽然官位不高，但是依靠雄厚的世家基业与家族势力，依然过着衣食无忧的生活。

公元 779 年，正值春风得意的元宽，却是喜忧参半：忧的是唐代宗李豫御驾归西，长子李适登基，新主登基，根基未稳，朝臣们要么趁机结党营私、卖官鬻爵，要么忙着歌功颂德，以求得宠，原本风雨飘摇的朝廷更加令人忧心；喜是就在同年，年近五旬的元宽，终于老来得子，这个姗姗来迟的男婴便是本书的主人公——元稹。

元稹的降生对于元家来说本是大好之事，衣食无忧的世家，自然是希望家族人丁兴旺，子嗣绵延。虽然时局有些混乱，但父亲元宽坚信这只是一时之乱，官兵自会平定，因此怀抱着呱呱坠地的元稹，元宽不禁喜出望外，虽然在元稹之前，他已经有三个儿子和两个女儿了，但是论才华和潜质，这些儿女都让元宽不甚满意。小儿子眼眸明亮，漆如寒星，五官又和他极其相似，欣喜之余，元宽也对他寄予厚望。

按照曾祖的排序，元稹排行第九，虽然排行最小，但是父亲对他的爱却是不言而喻的，空闲之时，元宽便常伴元稹左右，或与他在府中嬉戏玩耍，释放孩童贪玩的天性，或带他游览城中景色，教会他捕捉自然之美。总之，对于元稹，元宽是关心备至，宠爱有加。

闲来无事时，元宽常把元稹揽入怀中，与他讲述家族的光辉历史，比如祖上曾常伴帝王左右，权倾朝野，位极人臣；比如自己出入宫内的所闻所见，所感所想，面对这个不谙世事的稚子，他似乎要把自己这些年来所有的经历和感悟都传授给他。

元家虽是衣食无忧，但是元宽在朝廷里却过得不尽如人意：新皇继位，朝野动荡，原先依附旧主的官员以各种理由相继被贬，原本身为舒王府长史的元宽也岌岌可危，只因他所依附的几位官员都被新党倾轧，或贬或撤，元宽也无故受到牵连。

老谋深算的元宽顿时慌了手脚，依靠祖上基业和自己苦心经营的官位，瞬间就可能付诸东流，今后何以安身立命，已过不惑之年的元宽却不得而知，只徒有一声声叹息而已。

元宽的担心并非杞人忧天，不久，朝廷便以整顿之名对元宽进行了降级处理。其实，如不看在元家世代为朝廷效力的缘故，他甚至可能会被撤职流放，所以对于这样的处理，元宽也只能默默地接受了。

受到这样的处理，元宽心绪愁苦，终日眉头紧皱、郁郁寡欢，元稹看到父亲不似往日那般宽厚温和，便撒娇似地扑到父亲怀里，试图揣度他的心事。元宽看着他最为疼惜的儿子，用手轻抚着元稹的头，告诉他要忘了自己曾对他说的陈年旧事。

元稹心中不解，为何父亲原先要自己铭记在心的事情，现在便要自己忘记，此前元稹还在为自己家族的历史骄傲不已，如今父亲的话让他好生疑惑。

眼看着面前最让他心疼的儿子元稹，元宽心里百感交集，原本自己就是宦海之中一粒细沙，千淘万漉皆不由他，原以为随波逐流就可以保全自身，如今朝野暗流涌动，连他这样卑微的官职亦不能不受到冲击，贬官之后，如何东山再起，全家老小的生活如何应对，无不令他焦头烂额。

虽然父亲此时万分忧虑，但是在元稹心目中，早已把自己当成衣食无忧的世家子弟了，事实上，他自出生以来，便过上了锦衣玉食的生活，由于家里世代官宦，元家享受朝廷恩惠的诸多特权，元府不用交税，族人也不用服兵役，所以对于那时的元稹来说，生活的压力犹如天边的乌云，他只是遥遥观望而已。

坐拥如此显赫的家庭背景，还有父亲的耳濡目染，元稹的心中渐渐产生了远大的志向，他勤奋苦读，钻研经典，希望像父亲和叔父那样，通过科举考试，一举成名，入仕为官，光宗耀祖。

但此时的朝廷，却和元稹想象中的天堂判若两样，在元稹所成长的7年之间，朝廷内外混乱不堪，民间叛乱此起彼伏，几年间平定了李希烈、王武俊等十余起叛乱，社会动荡不安，这也使元稹一家发生了巨变。

贞元二年（公元786年），元稹的叔父元宵因病去世，此事让元宽痛不欲生、心灰意冷。他预感到整个家族将就此落寞。一向坚强的元宽就此病倒，虽然他心中仍有层层忧虑，无奈大势已去，即便他耗尽全身气力，也终究无法挽回，数月后，元宽在家中与世长辞。原本已经在蔡州出任汝阳尉的伯兄元沂，因为当地叛乱，无法回家奔丧，而历史上也没有关于此人更多的记载，也许已经死在当时的战乱之中了。

半年之内连失两大支柱，这彻底击垮了元家的老老小小，这意味着他们不仅要承受接连丧失亲人的剧痛，而且也要面对家里的经济来源被彻底切断的现状，元家老小的生活从此将无依无靠，从天堂坠入地狱。和元稹一样，这样的遭遇令他们始料未及。

元宽、元宵家中内人未曾料到他们的夫君就这样撒手西去，更没有想过百年家族会就此衰落，她们终日郁郁寡欢，家里的开支也是一省再省，无奈府中人多口杂，每月还是要消耗一大笔开支。

有人提出要外出经商赚钱，但是想到外面时局动荡，兵荒马乱，最后还是放弃了这个念头。无奈，家里的妇女都把自己的金银首饰卖掉，以换取散碎银两，最后，不得已清退了所有奴婢杂役，一家人才得以苟延残喘地活着。从富有到没落，元家上下苦不堪言。

此时的元稹，还无法从失去父亲的阴影中解脱。自记事以来，父亲便是他的精神楷模、他的理想典范。面对父亲的离世，元稹心中原本高远的天空瞬间崩塌，父亲和叔父的音容笑貌，如今只能在梦中与之交汇，而那个考取功名的理想，也与他渐行渐远……

对于这个从小生活在富足与幻想中的孩子来说，家族落寞的事实，无疑让他难以接受，之前所有自己勾勒的那些美好憧憬，如今似乎都化为泡影了。他一直对父亲充满了感激与怀念，以至于后来他在为姐姐编写墓志铭的时候，也带上了对父亲那种深深的眷恋，令后人读之黯然。

元稹的童年是不幸的。只是年幼的他还未能洞穿世间百态与人情冷暖，那刹那间的阵痛也还未一点点地分散，渗入他未来几十年的生活中。此刻，更为难过的是他的母亲郑氏，她像一颗饱受风霜摧残的雨荷，孤独、脆弱，又顽强。她努力地张开身体，为的只是臂膀下那个稚嫩的元稹。

第二节

喜文弄墨腹有诗书

在守丧期间，年幼的元稹似乎懂得了命运的诡谲，家族的落败让他清醒了很多，没有绫罗绸缎，没有锦衣玉食，甚至都无法吃饱的元稹，却比以前更加懂事。每每看到母亲为了一家人的生计奔波，深夜时还得帮他缝缝补补，心里总是隐隐作痛。“谁言寸草心，报得三春晖”，他希望和母亲像从前那样生活，这并非只是为了自己，而是为了不再让母亲这般辛苦。

9 岁的年纪，正是读书的时候，父亲在世时，曾经给他请过精通典籍的先生。可自从家里出事之后，先生便失去了踪影。元稹心里明白，依照家里现在的情况，是请不起教书先生的，所以他从来没有向母亲提出过读书的要求。

其实读书这件事，早已在郑氏心中百转千回。作为母亲，她当然希望自己的孩子可以知书达理、博学强知，像他父辈那样成为国之栋梁，谦谦君子。但怎奈家境贫寒，实在请不起教书先生。她曾经多次想向家中管家开口请求，可看到大家如此节衣缩食，便只好打消了这个念头。但她又不希望因此耽误了孩子，所以她想把自己为数不多的首饰衣裳全部卖掉，供元稹读书。

元稹虽然嘴上不说，但是对读书，尤其是诗词已产生了浓厚的兴趣，他找来原先父亲收藏的诗集，请求家里识字的人念给他听，不到三遍，元稹便能烂熟于心，而且大致懂得诗中之意。那时他经常跑到邻居家借书，如果借到一本自己喜欢的书，元稹便爱不释手，甚至在回家的路上就开始研读，仅仅读过一遍之后，就了解书中大致所表达的含义了。可见，他自幼天资聪颖，难怪后来白居易在评价他的时候，不惜用“粹灵”、“岐然”等溢美之词。

聪明的元稹不仅了解诗中的意思，还懂得如何应用。他与家人交谈时，不时会引用一些名家诗文，令人甚为惊叹，小小年纪却腹中有墨。

元稹虽聪慧，却并未因此丢掉刻苦。清晨天微亮之时，他便起床，手拿诗书坐于长廊上诵读，逐字研究、废寝忘食，几乎手不离卷；夕阳之下，他依然坐在大槐树下面刻苦攻读，天边的红霞一点点爬上他的面颊，山岚映照左右，遥遥望去，却像一位老者般风雅恬静。

元稹的一举一动，郑氏都看在眼里，她知道儿子对翰墨的喜爱之深，也懂得他不忍让自己太过为难，所以从不提入塾学习之事。但是作为母亲的郑氏，即便有再多的困难，她都不会让儿子的前途葬送在贫困的生活中。

郑氏年幼时，家里虽然不是什么名门望族，但开明的父母依旧让她读书识字，所以对诗文也略知一二。在看到元稹如此刻苦的学习后，她决定亲自执卷，教儿子读书。因此，元稹的启蒙老师便是母亲郑氏。

在学习之中，郑氏渐渐发现，元稹对诗文的悟性异于常人，他常常读过三遍，便能倒背如流，还能说出诗文的大体意境，且与原解相差无几，郑氏在旁欣喜万分。

在教儿子读书时，元稹越是发奋用功，郑氏的负罪感就越是强烈，她一面叹息这家族的落败使儿子没法好好读书，一面恨自己太过无能，不能凭一己之力让儿子完成读书的梦想。善良的母亲心如刀绞，却无可奈何。

在服丧结束之后，元家人便可以出去赚钱养家了，此时元稹的二哥元柜科举高中，凭着自己的学识，被朝廷授官，担任兴平、长安、晚年县的县尉，虽然为朝廷做事，但是每月的俸禄却十分微薄，此银两只够一两人所用，可是元柜要拿来养活整个元家，虽然如此，这样一笔收入，对当时的元家而言，已是一件幸事了。

此前，二哥元柜曾与元稹闲聊，说将来要拿出一部分俸禄，为他找位教书先生，但被元稹婉言拒绝了，元稹告诉二哥，现在家里这么困难，他怎能为一己之私而弃族人不顾，这万万不能。

懂事的元稹虽然拒绝了二哥的好意，但是心里不免有些遗憾，他的那些哥哥们曾经都有远近闻名的先生来教他们读书，可到自己的时候，命运却开了个偌大的玩笑。但是元稹心里也知晓，家庭的变故本是不可预计的，既然已经发生，自己也只好坦然接受了。

元稹虽然没有专门的先生来教，可是家中藏书丰富，自有一方天地供他遨游探索，加之母亲的循循善诱，自己的苦读不辍，少年元稹在学识的积累上并未落后于其他同伴，甚至凭借自己的灵性，他比同龄人似乎更有涵养，也更加谦逊。

9 岁的元稹，已经能够出口成章，与长者进行交谈辩论，其锋芒毕露，不相上下，而且常常引经据典，佐证自己的观点，非但不会让人觉得突兀和刻意，还非常恰如其分，让人不觉拍手称赞。每每看到此种场景时，郑氏心里都非常欣慰，他看到元稹不仅没有因为家族的败落而颓丧消沉，反倒更加努力和懂事。但是，对于儿子今后要走的路途，是郑氏心中最大的难题。如果在这个家里继续生活下去，恐怕会耽误元稹的前程；如果带着元稹离开，孤儿寡母将何以为生。每每想到这样，她心里都如生了一团乱麻，剪不断，理还乱。

一日，元稹在屋里看书，郑氏悄悄坐在了元稹的旁边，一副心事重重的样子。元稹发现母亲有些异常，便问其缘由。

郑氏若有所思，她又一次试探着问起元稹想不想找一位教书先生。

元稹猜透了母亲的心思，说有母亲的指导已经满足了，不需要再请先生了。

郑氏脸上流露出些许内疚的表情，她答应元稹，以后一定给他找个好先生，让他好好读书。

元稹没有说话，慢慢低下头，继续看书。

元稹何尝不想有个好先生来教自己，但是就目前情况看，这只是个空想，他也知道母亲刚才的内疚来自何处，但是他只能尽力地安抚母亲，因为他知道，现实很难改变。

此时的元稹，总喜欢自己静静思考，想想自己，想想诗歌，有时候会不禁从嘴里蹦出几句诗来，那不是出自他人之手，正是元稹有感而发，随性而吟的。

也正是从那时起，诗歌成了元稹最好的朋友。白天，他体味各位名家诗歌中的韵味；夜晚，他用诗歌抒发内心幽微的情感。虽然表面上风平浪静，但是生活的惨淡，给元稹带来了极大的压力，他的心早已高高飞起，而双脚却被禁锢在这日复一日的困顿之中。所谓“不平则鸣”，元稹的诗歌之路也正是从这“不平”开始……

那时元稹除了喜欢看书，也喜欢结交一些文人，每逢上街游玩之时，他都不禁在书肆边流连忘返，虽然买不起，但他会把那些书大体浏览一下。除此之外，元稹更喜欢听那些文人谈古论今，常常在大人交谈的时候，元稹或站在旁边，或蹲在角落里耐心听着，虽然冒着被店小二轰出门去的尴尬，但是元稹一点都不介意。

在元稹心中，世上所有好坏美丑事情，大抵都可以用文字描绘出来，似乎在他脑海中永远都有一张白纸，只要灵感一来，他便可以勾勒出美丽的画卷，里面不仅有山有水，还有人们细腻的情感。

生逢变故，过早成熟的元稹在情感方面特别敏感细腻，尤其是对于母亲。自从父亲去世之后，他突然感觉到母亲非常孤独、可怜，为了自己，母亲几乎倾尽所有，除去那些嫡系亲属之外，母子俩几乎无所依靠，所以她十分在意母亲的感受，平时只要母亲的情绪稍有波动，元稹便立即陪在她身边，生怕母亲会孤独和痛苦。

也正是这种细腻的体会，使元稹对于感情有着深刻而特殊的领悟，在失去亲人之后，他更加知道亲情的弥足珍贵，也害怕再一次失去亲人，尤其是母亲，所以他总是用一片赤子之心体察母亲的隐痛，希望母亲能从自己身上得到安慰。

也是因为这份细腻，使得元稹在诗歌学习与创作中，对情感有着异常的体会，他喜欢那种大气磅礴的诗歌，更喜欢心思细腻的作品，因为它能让元稹感受到一种真实的共鸣，也就是在那个时候，元稹就已经开始对情诗产生兴趣了。

看到元稹对诗歌如痴如醉，郑氏痛下决心，要带儿子离开这个日渐颓丧的家。其实这个想法自元宽去世之后就有了，但是郑氏始终不敢面对。对于她这个弱女子来说，带着孩子离开家族，远走他乡，无所依靠，实在是困难，可这样下去，始终不是个办法，所以她一直在犹豫。

真正让她下定决心的还是元稹，她看到元稹对文学、对诗歌如此热爱，如果不想办法帮他找位先生，孩子的前程便在她手中葬送，依照目前元家的情况看，给元稹找位先生实在太难了，然而孩子的理想终究是不能被辜负的，离开也许就是一种新的开始。

第三节
投亲靠友壮志初萌

长安城里，时光依旧温柔而缓慢。灞河上的涟漪搅动着良人的心扉，户牖下的月光映照着思妇的面颊，秦楼内的歌声撩拨着骚客的思绪，从山间古寺传来的钟声，熄灭了最后一丝渔火。远处，平安坊内，歌舞升平不知倦，火树银花不夜天。

丈夫和父亲已经死去，所以长安对于元稹母子而言，则变成了伤心之处。郑氏丧夫之后，眼前所见，皆是物是人非，既然痛苦不能改变生存，倒不如远走他乡，让过去就埋葬在此处。

经过郑氏的反复斟酌，在与元家上下商量之后，决定带着元稹和哥哥元积投奔自己的姐姐和舅族，那里的条件虽然与长安不可相比，但好在有亲人相伴，或许此时的郑氏母子，最需要的就是亲情的慰藉。

郑氏的姐姐和舅族住在西南的凤翔（今陕西省宝鸡市），那也是郑氏生长的地方，原先郑氏一家和舅族离得很近，父母死后，郑氏和姐姐相依为命，舅族的亲人们也时常去关照郑氏姐妹，后来郑氏嫁到长安，家里只有姐姐一家和那些舅族的亲人了。所以当郑氏为以后打算的时候，首先想到要投奔姐姐。

带着幼子重回故乡，郑氏心中几多感慨，又有些许委屈，一介女子，颠沛流离至此，“姐姐”二字，本就意味着回归，意味着温暖。

而元稹初来乍到，习惯了长安城里的繁华世界，看到眼前这种寂静与空旷，使他非常的好奇，这里的人生活贫苦，衣着朴素，虽然元家已经败落，但是他所穿的衣服还是要远远好过这些农民。虽然觉得有些新奇，新奇之余，他也意识到，在这王朝浮华的外表下，普通百姓生活的艰辛是他们难以想象的。

虽然没有见过姨母，但是郑氏姐姐的热情还是让元稹打消了距离感，她有一个女儿和女婿，都与她一同居住。元稹的姐夫是陆翰儒业的先生，颇有些学问，所以元稹一见到他，就觉得分外亲切，迫不及待地向他请教学问之事。

一切安顿好之后，郑氏向姐姐诉说了元家的遭遇，期间两姐妹不时抱头痛哭，姐姐十分同情妹妹的遭遇，像她们这种穷苦家庭的女子来说，就盼着嫁一个好的夫君，好安安稳稳地过日子。可如今，妹夫过早离世，妹妹又带着两个孩子无处可去，如此可怜的妹妹，怎能让她不同情和难过。

好在家里虽然清贫，但日子还算过得去，郑氏从长安来的时候，也带来一些银两和准备典当的首饰，如果精打细算，也能度过一些时日。所以元稹一家就在凤翔暂时住了下来。

初到凤翔，元稹也不忘看书念诗，即便姨母带他们出去游玩，元稹所注意的，也都是和书有关系的地方。有一次，他在一个书肆边驻足了很久，姨母看到之后走上前去，看见元稹非常投入地在看书，双手轻轻端着，害怕把书弄坏了。抬头时看到姨母，他立即合上书，在身上擦了擦之后，又放回原处。

姨母见状，便问他是不是很喜欢这本书。元稹连忙摇头，但姨母看出他是故意在骗人，便掏出钱来，把那本书买下了。元稹接过姨母给的书后，既惊讶又感动，连声向姨母道谢。

这几声“谢谢”，忽然令郑氏的姐姐感到一丝心痛，元稹虽然来自于都城长安，也算是世家子弟，但命运却总是为难这样一个孩子，为了不给家里添加负担，他只能强忍着对读书的渴望，真是个懂事的孩子。经过此事之后，郑氏的姐姐便决定要帮帮这个孩子。

晚上，她找来自己的女儿女婿，说起今天发生的事情，希望女婿可以利用空闲的时间教他读书。女婿身为先生，自然对这种勤奋刻苦的孩子非常喜爱，也就答应了岳母的请求。每逢早晚和书院休息的时间，元稹和元积就去姐夫的房间，由他来教两人读书。

这是元稹第一个真正意义上的老师，虽然与以前父亲给哥哥姐姐们请过的那些先生相比，学识和名气都稍有逊色，但是能有一位专业的先生来指导学习，已经满足了他心中的奢望。

在学习过程中，陆翰亦被两人的刻苦所打动，尤其是元稹，他不仅刻苦，而且对诗歌透着一种灵性，经常在学习中举一反三，能把当前学习的诗文与其他相关文章联系起来。陆翰还惊奇地发现，元稹所涉猎的文章、诗歌，已经远远超过了同龄人，有些甚至自己都没有听说过，所以他十分器重元稹，立志将毕生所学授予这个年轻的学生。

其实陆翰之所以如此喜欢元稹，还有一个原因：自己幼年的家境也不好。陆翰从小生活在越州山阴，家里十分贫穷，为了找到愿意教自己的先生，他不远千里找到当时著名的诗人王安石，跟着他学习。看到元稹之后，他立即想起了过去的自己，他太清楚求学之路的艰辛，如果能够借助他的臂膀让元稹一飞冲天，与老师而言，亦是最大的安慰。

有时看到眼前的元稹，陆翰心中生出些许酸楚，同为穷人，为了谋求功名，他们便要付出比常人更多的辛苦与努力，心里的那份隐忍和痛苦谁人能知？寒门若想出贵子，便要踩着荆棘步步向前。

由于条件有限，陆翰家里藏书不多，但是他向元稹、元积二人承诺，只要想读，随时可以去他房间里拿，即使他不在家，也可以找姐姐去拿。

除了在家读书之外，陆翰还经常带着元稹、元积两兄弟出去游玩，他知道这两兄弟喜欢读书，便带着他们去当地最好的书社。有一次，陆翰带着两兄弟，来到了自己的好朋友家里。陆翰的这位朋友也是喜欢读书写诗的，因为家境富足，所以书房的墙壁上，有好几百本藏书。元稹、元积两兄弟看到之后，惊讶驻足，眼里似乎没有其他人和物了，陆翰的朋友看到后，微微一笑，将他们带到书架面前，要他们不必拘礼，随意观看。

见满屋藏书，元稹心中又喜又惊，惊的是在这落后的乡野之地，竟有如此藏书颇丰之人；喜的是既可以随意观看，以后读书便有了好去处。那装帧精美的线装古书，散发出一种诱惑的味道，元稹仿佛腹内空空的乞丐，迫不及待地要分而食之了。

陆翰和这位朋友虽然家境悬殊较大，但是两人以文相识，朋友丝毫没有在意陆翰家境之贫寒，反倒对其非常尊敬，认为陆翰是一个尊师重道之人，所以一直与他交往密切。前几日，陆翰与他聊天时，谈到了元稹、元积两兄弟读书之刻苦，悟性之敏捷。他当时就对陆翰说，有空一定要带他们两兄弟到家做客，今天见到元稹、元积两兄弟果真如他所言，便心生喜爱，决意为这两个好学的年轻人提供必要的帮助。

临走时，他把元稹、元积没有读完的书重新交还给两人。告诉他们，什么时候读完，再还不迟，并且欢迎他们随时来读书、借书。元稹受到如此礼遇，自然乐不思蜀，回家路上手捧书卷，脸上不时露出些许笑容，这样的笑容，自父亲去世以后，还是第一次出现在他的脸上。

除了跟着老师学习之外，元稹、元积还认识了姨兄胡灵之、吴士则、吴士矩等十几个同龄伙伴，几番玩耍之后，元稹、元积两兄弟就与他们渐渐熟悉。与元稹在长安的那些朋友不同的是，他们身上都流露出农村少年的简单、质朴之气。他们很重义气，也很亲和，和他们在一起，元稹感受到一种久违的亲切感。

自从父亲去世之后，他大多数时间都和家人在一起，很少有机会和其他同龄人一同嬉戏，过早的成熟使元稹总觉得自己的心思有别于他人，总怕别人嘲笑自己，直到遇到胡灵之等人之后，天真、顽皮的性格才重新回到这个少年身上，在元稹后来所写的《答姨兄胡灵之见寄五十韵》中，对当时的情节进行了生动的描写：

九岁赋解诗，饮酒至斗余乃醉。时方依倚舅族，舅怜，不以礼数检，故得与姨兄胡灵之之辈十数人为昼夜游。日月挑掷，于今馀二十年矣！期间悲欢离散，可胜道哉！

忆昔凤翔城，忆昔凤翔城，龆年是事荣。理家烦伯舅，相宅尽吾兄。诗律蒙亲授，朋游忝自迎。

元稹从来没有如此放肆的玩耍过，从文中可以清晰看出元稹当时的开心，直到他长大成人，仍把此当作童年最为珍贵的记忆。在元稹的心里，那段岁月就像历久弥香的老酒，在二十年多年的记忆里，一直未曾远去。童年的玩伴们虽然飘零天涯，悲欢离合，阅尽沧桑，但当日的赤子的单纯与稚嫩，却犹如一座感情的温床，孕育出诗人多少连绵诗绪。

这些孩子都是穷苦人家出身，所以他们更懂得珍惜身边的一切，在他们心中，只要能过上平平安安的生活就足矣。安稳，是他们对生活的一切希冀，在小农经济的包围中，他们脆弱的家庭生态根本经不起什么变故，生命的至重亦不过长久二字。

和这群孩子长期相处，元稹的心性也发生了极大的改变，在这过去未曾触碰的世界里，他懂得了人生的艰难与不易，一种悲悯情怀自此笼罩着他，这种情怀亦对他后来创作的产生了深远影响。

第二章 初涉世事

第一节
明经及第年少轻狂

求知的大门刚刚打开，便有灿烂阳光洒下心头。长期被寒冬封锁的情绪，终于抽丝剥茧般被暖阳一点点融化，置身于淳朴的乡村，少年身上便沾了些蔬笋之气，淡淡的，幽幽的。远处的阡陌蜿蜒至脚下，碧浪涌动，宛如大海，一切都如空气般透明、干净。

元稹在姨母家的生活无忧无虑，自在快活。平日里除了能跟着姐夫陆翰读书，还可以呼朋引伴，游山玩水，这使得他长期压抑而悲伤的心绪豁然开朗起来。

只是随着年龄的增长，昔日埋下的理想的种子也渐渐萌发，"修身齐家治国平天下"的儒道对他而言太多遥远。对少年元稹而言，寄人篱下终究不是长久之计，而想从这个乡村里走出去，道路或许只有一条：科举。

他将心事常常诉予姐夫陆翰，两人不仅是亲戚和师生关系，更是无话不谈的好朋友。皓月当空之夜，二人常常卧在草垛之上谈天说地，言谈之中，陆翰看出了元稹对于未来的一丝忧虑和迷茫。元稹曾经对他说过，自己所见过的读书人，大多都是过着贫寒的日子，要靠读书换得名利兼收恐非易事。

这些话让陆翰看出了元稹的一丝野心：这个男孩，一定不满足于做个乡下清贫的读书人。陆翰立即向元稹提议，他可以参加朝廷举行的科举考试。当元稹听到“科举考试”四个字的时候，素日平静的眼眸中突然荡起一丝涟漪——他知道，那颗种子又在他心底蠢蠢欲动。

科举考试是唐朝最重要的选拔人才的途径，在隋朝科举考试的基础上，唐朝对其进行了改良与延伸，但是框架与形式没有什么变化。在当时，朝廷除了选拔王公贵族的人才之外，主要还是想通过科举考试来吸纳民间的鸿儒俊彦，让其为国效忠。而大多数读书人，也将此生的命运押在科举一试上，唐才子孟郊蹉跎一生，中第后便喜不自胜，做出那首著名的《登科后》：“昔日龌龊不足夸，今朝放荡思无涯。春风得意马蹄疾，一日看尽长安花”。科举，对于士子的意义可见一斑。

元稹心中已有定夺，他不想让母亲再这样四处奔波，过着寄人篱下的日子，他终日苦读，也正是在等待这一天的到来，如果羽翼渐渐丰满，就必定要接受风暴的洗礼。如今，陆翰也建议他去参加科举考试，说明时机已经成熟，他只需问问母亲的意见，令母亲安定之后，便放手一搏。

当他把打算告诉母亲时，郑氏露出了欣慰的笑容，她明白，那个无忧无虑的少年已经长大，如果他注定是只鸿鹄，冲上云霄便只是时间问题。

但要论起科举，未必人人皆能高中，虽然考试的内容大家早已烂熟于心，但是科举毕竟是朝廷在全国范围内选拔人才，腹有诗书而摩拳擦掌的士子千千万万，要想从精英中脱颖而出，获得皇帝赏识，并非易事。

在唐朝科举制度中，大要有三：由学馆者曰生徒，由州县者曰乡贡，而最高级别的当属进士、明经和制举，如果考取这三个功名的其中一个，都可以进入朝廷内部，未来有希望谋取高官。

这些制度元稹在父亲那里早已耳濡目染，但是考试之前，他不免仍有些紧张，与其他人相比，他年纪尚幼，阅历较浅，虽然读书未必逊于他人，但第一次参加这种全国性的考试，仍是十分忐忑。

考试前几日，他甚至完全无法静心读书，时不时在院中徘徊，陆翰看到他如此焦虑，便让他放下书本，和自己出去走走。在路上，陆翰问元稹为何如此紧张，元稹说他不是为了自己紧张，而是怕如果自己最终考不上，母亲就会失望，而母亲的失望，即便不会表露出来，对他而言，亦是一种煎熬。

元稹的话，陆翰完全可以理解，他坚信以元稹的学识，考取功名不成问题，他一直伴在学生左右，为他保驾护航。每当元稹眉头紧皱、情绪焦躁时，陆翰便递与他一杯青茗，要他平心静气，如往常一样纯粹地积累知识，不要顾及太多。元稹也听从恩师的意见，读书累了，便同他在乡间的阡陌上并肩交谈，明月悬于夜空，繁星点缀左右，恰如少年与恩师，相伴相随，熠熠生辉。

贞元八年（公元 792 年），元稹在家人的鼓励和期望下，参加了当年的科举考试。这是少年证明自己的唯一机会，一笔一画都是被理想打磨的声音，挥洒翰墨之际，亦是在涂抹自己青春，这一场酣畅淋漓的考试，道尽少年多少心事。

功夫不负有心人，元稹顺利通过了考试，并将以乡贡的身份参加于贞元九年（公元 723 年）在长安举办的考试。所谓乡贡，就是最低级别的选拔标准，不管你家境如何，只要想参加科举考试，就可以报名，它是以乡为范围，主要针对那些家境贫寒的士子。元稹就是在这最底层的选拔中，一举脱颖而出的。

这个消息让元稹全家兴奋不已，尤其是元稹的母亲，她十几年的希望，终于在今天透出点点星光，这个孩子多像他的父亲，天赋异禀又孜孜不倦；他又不同于他的父亲，永远不会随遇而安，永远不会满足现状。

自然，这个消息对元稹而言是意料之中的事，这么多年的寒窗苦读，为的就是此刻的到来。然而他并未懈怠，他还要准备更为关键的殿试。进入殿试，他便可以亲眼看见父亲口中富丽堂皇的皇家宫殿，还有那气宇轩昂的当朝天子……昔日无比遥远的梦境，如今竟触手可及了。

贞元九年，寒冬，元稹不仅回到了长安，还踏进了皇宫的大门，参加了科举殿试。这一次元稹没有了第一次考试的紧张，却多了一些复杂的心情，看着皇宫的金碧辉煌，想想自己家族的落寞和母亲的艰苦生活，心里感慨万千，如今自己已经站在改变命运的十字路口，是好是坏，就看自己的造化了。

那场考试，元稹发挥超长，一篇策论洋洋洒洒，博得考官们一致称赞，终于明经及第，那一年，他才刚满 15 岁。

而元稹到此时才算真正的如释重负，他终于可以将心中多年的压抑与委屈尽情抛洒，更让他感慨的是，自己可以重新回到熟悉的长安。但有别于以往的是，他这次不是被迫投奔亲友，而是靠自己的学识被朝廷录取，回到长安任职。这一刻的骄傲，令他终生难忘，后来他在自己的作品《寄吴士矩端公五十韵》中，对此段经历进行了深刻的讲述：

慌狂岁云久，名利心潜逼，时辈多得图，亲朋屡相教。亦从酒仙去，便被书魔惑，脱迹壮士场，甘心竖儒城。

此组诗句表达了元稹内心潜藏的野心，显示出他内心所蕴藏的巨大的能量与动力，他本出生贵族之家，追求名利、维持尊严本无可厚非，但是因为命运的多舛，他被摔入谷底，如今东山再起，荣耀已不属于他一个人，而是整个元氏家族。

元稹考完之后，并未在长安停留，他知道，母亲和家人都在焦急等他的消息，所以他马不停蹄回到了母亲身边。

几日之后，长安传来圣旨，元稹考取了明经，即日起身前往长安任职。那一刻，母子二人抱头痛哭，以这样的方式回归长安，是对过往岁月的最好纪念，是对父亲在天之灵的最好告慰。

告别时，元稹紧紧抱住陆翰，倾诉了许多，如果不是陆翰，他恐怕不忍痛下决心参加科举，也没有信心考取功名。同时，他也舍不得好友吴士矩、吴士则等几个伙伴，正是他们，让元稹获得了久违的欢乐。离开了姨母家，母子三人回到了长安。

年仅 15 岁的元稹，便登科及第，足以说明他是个极富才华的人才。根据唐朝的规定，诗人考取及第之后，并不能直接进入朝廷的核心机构任职，需要先节节入仕，顾名思义，就是在入朝为官时，先在基层出任初级的官吏，进行考核之后，在进入朝廷任职。

在去长安之前，陆翰便开始帮他寻觅合适的差事，通过老友推荐，最终帮元稹在汾州西河县找到了一份录事的职务。那里距离元稹原先生活的地方不远，由此，元稹真正踏上了自己的仕途。

虽然年纪很小，但是入职后的元稹对当时的时局动态却早已心中有数。他知道，安史之乱的爆发并非偶然，而是民间积怨已久，朝廷无力解决的结果，时局之动荡，饱受生活摧残的元稹母子深有体会，此次出任地方官员，官职虽小，但关系百姓疾苦，元稹不敢怠慢，希望用他所学，为天地立心，为生民立命。

小小年纪，对时局就有如此准确、深刻的理解，这不仅源于他的博览群书，更与他亲身的生活经历有关。过早的接触社会使他熟知了世间百态，人情冷暖，元家昌盛时，门庭若市，前来结交的达官贵人络绎不绝；元家衰败后，门可罗雀，昔日要好的子弟也树倒猢狲散……富贵穷达，对他而言，是一种刻骨铭心的体验。

谁都无法料到，一个年仅 15 岁的孩子，会有如此成熟、高深的见地和城府，然而可以预见的是，仕途求官之路，于他而言才刚刚开始，未来的血雨腥风，也要他独自承担……

第二节

烟柳朦胧管儿情重

如今，少年已经踏上那段小路，固然幽暗崎岖、湿滑泥泞，他都要满心天真地走下去。路途之上，风光无限，有同辈艳羡的目光，有母亲欣慰的面庞，还有老师期许的模样，他们如夜空中的寒星，使少年的每次仰望，都能得到应有的回应。只是，他不能总在仰望，他默默地想，总是应该邂逅点什么。

在西河县上任录事之后，元稹的生活终于日渐安定，虽然那时的俸禄微薄，但总可以凭一己之力养家糊口了。善于变通的元稹自然懂得要和当地官绅地主搞好关系，不单是因为这是姐夫陆翰帮其找到的差事，不能再让他担心挂念。其次，元稹也明白，宦海沉浮，身不由己，他能做到的，只能是外圆内方，周旋在众人之间而已。

县衙录事一职，政务比较清闲，闲来无事时，元稹就在屋内品茶饮酒，静默不语，时间长了难免会觉得烦闷，偶尔闲逛时，发现有人在衙内伏案看书，元稹突然想到，既然平日无事，为何不能用来读书呢，第二天，他便从家里拿来诗书，待到空闲时，便持书阅读。

那段时间，除了例行公事之外，绝大多数时间，元稹都用来读书，书籍对他而言，不仅是考取功名的利器，更是良师益友，如一天不读古人之言，一天不闻那翰墨余香，仿佛心中空荡无依，寂寂寥寥。

衙门里喜爱读书的人并非元稹一人，这些大小官吏，无不是通过科举考试而录取的，读书对士子而言，更像是一种生活方式，元稹在这里以文会友，结交了许多读书之人，他们经常利用闲暇时间，一起结伴出游，在亭台楼阁之上，左手狼毫，右手杯盏，谈古论今，吟诗作对，一派文人风流。

时日久了，元稹才知道，这些衙门官吏并非都是穷苦出身，他们有的是官宦世家，有的是名门之后，处在这群年轻的士子之间，元稹绝口不提昔日的辉煌与蹉跎，如今，他是独一无二的元稹，从他离开家乡的那一刻起，铸造他的模具就被打碎，他谦卑恭敬，温文尔雅，贵族的气质自难以掩盖。

这些官员和大户人家的公子，身上均藏有一股傲气，文人本就相轻，他们更看不起出生卑微的贫寒之士。但是面对元稹，他们却能相处甚欢，其原因便是诸位公子觉察到元稹身上有一股非凡之气，他虽生活朴素，但骨子里透出一种英气，这是穷人鲜有的气质。此外，元稹的博学多才让那些年长许多的人敬佩不已，他们都喜欢和元稹聊天，甚至求教。久而久之，元稹不知不觉便进入了这个官场的核心。

周围有三五知己好友，自然是一桩幸事，元稹也很乐于和他们在一起舞文弄墨。渐渐的，他们已经不满足于只是在县衙漫谈，工作之余，那些公子还带元稹去一些交际场所，甚至是风月之地。在宋代，文人与舞姬歌女结交是再平常不过的事，携妓远游更是文人普遍追求的一种无拘的生活状态，元稹虽从未到过这些地方，但心中好奇作祟，呼朋引伴声中，他便也习惯了那悦耳的丝竹，曼妙的舞姿和微醺后把酒论诗的状态。

在交际中，元稹结识了曾为陕虢道观察使的吴凑，从交谈中得知，他的家乡也是在夏阳，这让元稹非常好奇，经过几番深谈之后才知，原来他是自己舅族的亲戚。几番杯盏交错之后，元稹和吴凑的关系也亲密许多，也许是同为夏阳故人的缘故，吴凑对这个年轻人甚为喜爱，加之他平时也爱读书，所以两人交谈起来非常愉快。

而后，凭借吴凑的举荐，元稹有幸来到了陕西中府的解县虞乡县（今山西省运城市永济县），晋地本多贫瘠之地，而那里却有山有水，如塞上江南，美不胜收，当地文人常常汇集于此，饮酒赋诗。元稹去了之后，也常常参与这种风雅的集会，以卓越的才气和文笔，结交了不少文人朋友，相谈中，不仅使元稹扩展了视野，还让他明白了很多为官之道，收获颇丰。

漫游之中，元稹来到了洛阳，在这里，有他同年参加科举考试的朋友杨巨源和李逊，元稹的到来自然让二人开心不已，不仅请元稹到府上小聚，还请来了李逊的胞弟李建，几人把酒言欢，畅谈古今，心里甚是爽快。

交往之中，元稹发觉李建对诗词古文也颇有研究，二人在许多观点上都不谋而合。从那之后，元稹与李建便成了无话不谈的好朋友。杨巨源和李建作为东道主，也带元稹去了很多当地的文人聚集之地，比如洛阳李著作园等。

当时的洛阳，是北方经济重镇，洛阳之繁华在各种文献中皆有记载，各种商业、文化都汇聚于此，许多文人墨客均相伴来此遨游，或结交一些朋友，或留下些许作品，所以这里的文学氛围相当浓厚。

此外，洛阳更是当时年轻公子的游乐之地。繁华的街上，到处都是长相出众的女子，情窦初开的元稹，自然对这些女子心怀好感，若看到美貌的女子，元稹也禁不住多看几眼，有时眼睛还随着女子的脚步移动，一旁的李建和杨巨源不禁笑出声来，却又不肯打扰。

后来，李建忍不住问元稹有没有中意的女子，元稹显出些许害羞的表情，一旁的李建笑而不语。

李建看出了元稹的意思，所以特意带他去了一家茶社，那里虽然读书气息稍微逊色一点，但是年轻女子较多，是洛阳城内另一处文人聚集之地。

进去之后，元稹故意回绝，要离开这里，但在李建和杨巨源的一再相劝之下，他只好坐下。茶水、瓜子上齐之后，三人谈起了诗歌，前面小曲唱完之后，台上走来一位年轻女子，虽已穿好装束，画了淡妆，但难掩其清丽之质。

从元稹无意中看见那女子的一刻起，眼睛便再也没有离开过。此女子举止优雅，面容清秀，羞涩中略带柔情，手中拿着一把琵琶，缓慢坐定后，乐曲响起，女子便开口吟唱。她嗓音凄美，乐曲悲凉，那一刻，如空谷遇幽兰，元稹的心弦被女子轻轻撩拨着，他从未被一个人如此吸引过，也从来不曾如此专注地看过一个女子。

不知怎么，元稹的心开始快速跳动，面颊泛起了桃红，身旁的声音都被他一概忽略，整个人随着女子的唱段而起伏。

女子唱完退幕之后，元稹还在回味着刚才的情景，久久不能平静，散场了，元稹迟迟不舍离开，一直在门口徘徊，好像在等待着什么。天色稍晚，月上柳梢头，那女子慢慢走出茶馆，一眼就看到门口这个身高八尺，身材伟岸，长相英俊的元稹。她看出他是在等她，脸上露出一丝羞涩，却故意装作没事，从元稹身边快速走过。

女子刚刚走出茶馆，一群男子突然上来把她围住，其中有个彪形大汉，一把抓住女子的辫子，瞪大双眼，要女子快些还钱，如若不还，将要带回女子抵债。

女子不知所措，一直往后推，边退边求饶。此时，元稹向着三人一声大喊，挤进了人群，将男子的手拽了回来，上前一步，挡在了女子的前面。

元稹镇定自若，用犀利的语言压制住了对方嚣张的气焰，旁边的杨巨源提出替女子还钱，说着，杨巨源在兜里掏出钱袋来，把他们打发走了。

女子见状，不胜感激，不由分手地便要下跪，元稹三人连忙将她扶起。这一番场景，女子早已梨花带雨，香兰泣露，令人顿生爱怜之意。

元稹连忙安抚起了女子，要她不必害怕，所欠债务既已归还，想必那帮人不会再来骚扰，言谈之中，元稹对女子有种莫名的关切。女子的心绪一点点平复，她突然问起元稹三人的名字，想要日后报答。元稹直接告诉了她，杨巨源和李建看出了元稹的用心，便让他送女子回家。他二人便打道回府。

回家路上，元稹问起刚才的事情，女子便向元稹说明了缘由，原来她小名管儿，家境贫寒，父亲患病在家，自己卖艺赚钱，前些日子父亲生病没钱买药，管儿被迫向他们借钱，但因为赚钱少，一直没有还上，所以他们才来要账。

元稹了解之后，对管儿的遭遇深感同情，加之刚才对她才艺的欣赏，便承诺日后要尽力帮她，说此话时，元稹心中暗潮汹涌，面对眼前的管儿，心中似有千言万语想要诉说。同时，管儿也对如此文雅俊朗的公子心生波澜，从开始的感激，到逐渐开始信任他。

从那之后，每次管儿卖艺结束，元稹总是将她送到住处，一路上，月夜下，两人有说不完的话，虽然越发亲密，但两人之间始终不敢有越轨之举。元稹对管儿的怀才不遇非常惋惜，在他眼中，管儿的音律和歌声是举世无双的，只可惜没有被人发觉，他在后来的作品《琵琶歌》中写道：

管儿管儿忧尔衰，尔衰之后继者谁？继之无乃在铁山，铁山已近曹穆间。

诗中，元稹对管儿因爱生忧，越是喜欢她，越是为她的悲惨身世而担心，他希望能够帮助管儿摆脱困境，无奈自己官职卑微，有心无力，既然自己的臂膀还不够坚实，他也只能在无可奈何中担忧管儿的未来。

随着二人相处已久，情愫随之在他们彼此心中渐渐生长，对于情窦初开的他们来说，相处时的每一分钟都是甜蜜幸福的，元稹长这么大，除了母亲和姨母之外，并未和其他女性有过接触，他饱读诗书，知晓古往今来，才子佳人、花前月下美妙，人约黄昏后，他也心甘情愿被这柔和的月光轻轻包围。

元稹也能看出，管儿对自己的感情也是愈发真挚浓郁，因为都曾失去过，所以二人都特别在意情感，萍水相逢，本是一场虚幻，但两人都陷得太深，柔情蜜意，佳期几许，那缠绵的情爱像江南疯长的野草，将二人紧紧裹挟……

管儿也不知道，自己为何对这样的男子一见倾心，终生相许，伏在爱人的肩头，她总会陷入无尽的情思，如春蚕，如蛛网，兜住那些夜晚轻轻地呢喃……

第三节
一传莺莺传唱至今

身陷情网，无处可逃，少年竟也贪恋起世俗的美妙。他们一同游山玩水，携手同归，穿过彼此无边的心海，掀起各自的滔天巨浪，他们一同读书习字、舞文弄墨，他轻轻拉着她的手，道出“情”字的翰墨幽香。他以为这才是生活的真正模样，温暖，湿润，就像他手心残留着的她的余香。

只是在与管儿的相处中，元稹感到一丝异样，管儿明明很在意他，却有时有退缩之意，甚至有些不敢面对，元稹向她表达爱意时，管儿总是逃避他热烈的眼神，但她的心明明告诉他，他们之间的爱情分明存在，元稹也始终不明白，管儿为何那样对他。

曾有多次，元稹解不开管儿的心谜，他恳求她说出内心的想法，可管儿总是欲言又止，两人相对无言，再抬头时，管儿已是泪流满面。元稹见状，不便再说什么，只是轻抚着她的发丝，怅然良久。

他们相恋的时候正是阳春三月，万物初萌，草长莺飞，洛阳的牡丹花季久负盛名，管儿说要带元稹去看牡丹花，他们便相约在李著作园。

那日，当元稹赶到李著作园的时候，管儿早已在牡丹花下等待了，陪伴她的，还有那把她最心爱的琵琶。当元稹渐渐走近时，琵琶声缓缓响起，那悠扬缠绵的韵律，似乎在描述着此时两人浓厚的情感。“落花人独立，微雨燕双飞”描述的就是这种场景吧，元稹看得有些痴迷，待他轻轻走到管儿的身边，乐曲也落音收尾了。

这首乐曲把两人所要说的话都已融入其中，此刻的两人并没有过多的言语，在大朵娇艳的牡丹映衬之下，只是静静地看着对方。

元稹的眼里尽是缠绵，而此刻管儿的眼神中，更多的是痛苦与眷恋，今日相约此处，她其实谋划已久：一是来陪元稹赏牡丹花；二是来向他告别。管儿自知家境不好，她只是一个街头卖艺的女子，而元稹贵为朝廷官员，门不当、户不对，终究不能长相厮守，如果两人相恋本是孽缘，不如早早割断为好。

听完管儿的话，元稹顿时无所适从，他无论如何也没有想到管儿会主动离开自己，其实他早已做好打算，要接管儿去长安，可现在发生的这一幕，令他不知如何是好。

说完告别的话，管儿转身离去，眼睁睁地看着她渐行渐远，他无力挽留，他不知管儿为何如此看重门第观念，为何总是为自己的未来隐忧，难道往日的欢欣终究褪色？昔日的温柔只是幻梦？……他不懂，爱情刚刚向他伸出双手，现实就无情地将他摔落。

回到西河之后，元稹久久不能释怀，尘封的回忆总是在不经意间被开启，牡丹花旁的那一幕，一直在他眼前拂过，那段时间，他无心读书，郁郁寡欢，整个人像掉了魂儿一样，成天无精打采。

多年以来，只有管儿可以让元稹如此魂不守舍，也只有管儿可以让元稹茶饭不思，这是少年第一次坠入情网，也是第一次体味相思之苦。而且这相思与当时怀念父亲是判若两样，思念父亲，是怀念过去亲情的痛苦，而想念管儿，是撕心裂肺的煎熬，让他度日如年。

朋友们见他如此沉默寡言、与往日判若两人，便邀他一起出城游玩，也曾向他引荐过一些妙龄女子，但他均搪塞而过，并没有多少兴趣。平时除了到县衙办公之外，他大部分时间都闭门在家，除了读书，他想得最多的，还是远在洛阳的管儿。

转年又到三月，元稹回到了洛阳办事。迎接他的依然是好友李建。稍作休整之后，李建带他来到了李著作园，此时，那里已经开满牡丹花。一年前，此处正是两人分别的地方，昔日有娇艳的牡丹、有佳人作陪，今日自己却孑然一身，人面不知何处去，唯余牡丹依旧笑春风。

李建只看出元稹心情有些低落，不知道元稹与管儿在此离别的故事，所以也不以为然，只以为他有些疲惫了。他边走边告诉元稹，其实他早该来看看了，要说这牡丹，还是洛阳最佳。

他原先知道长安的牡丹好看，小时候姐姐常带他去看，还给他讲了牡丹气节的故事，所以从那时候开始，元稹就对牡丹甚为喜爱。

元稹以前在读李著的《牡丹起解》时，他就写到了洛阳的焦骨牡丹，是因为当时武则天将牡丹贬至洛阳。所以焦骨牡丹才得以名扬天下，今日一看，果然名不虚传。

看罢牡丹后，元稹坐在旁边的亭子里小憩。他眼中满园的牡丹花，亦是满目相似，他也曾相信时间可以淹没掉爱人的面庞，但时至今日，管儿的一颦一笑仍历历在目，那日芊手弹奏的琵琶声又从内心深处升起，元稹的眼眶渐渐湿润了。

虽然表面上风平浪静，但在元稹的心中，早已波涛汹涌，他站起身来，望着曾经与管儿离别的角落，似有千言万语要对当时的管儿诉说，可是此时的那里，牡丹依旧迎风招摇，难道他们两人的感情就这样烟消云散了吗？

想着想着，夜色便洒落到了湖上。元稹听到远处亭子里传来了琵琶的声音，那悠扬的旋律、忧伤的曲调，像极了管儿的风格，元稹越听越觉得它就是出自管儿之手，心中一阵惊喜，他顺着乐曲传来的声音，来到了那半山中的亭子里。

走上亭子的台阶，银白色的月光如绸缎般铺满大地，顺着月光微微颔首，眼前出现了一位身穿青绿色长衫的女子，她背影缠绵怡然，正背对元稹弹着琵琶，元稹渐渐走近，看着女子的背影，看着女子弹琵琶的姿势，他越来越相信，这就是管儿。他缓步走到她背后，轻声问道："姑娘可是管儿？"

听到有人说话，女子停止了弹奏，转过身来，两人都惊呆了。元稹眼前的这个姑娘，就是他日思夜想的管儿。

而管儿看到眼前的元稹，仿佛有些不敢相信，疑惑中带着羞怯，千言万语哽在心头，竟不知如何是好。

相认之后，互相凝视着对方，在这月上柳梢的时刻，两人再次拾起那温柔的岁月，一年来的情思席卷了二人的整个世界。

此时两人，无需太多语言，只是紧紧依偎在一起，这美妙的景象，已在他们梦中缠绕太久。元稹紧紧抱住管儿，他多么害怕她不经意间再次溜走。这样的拥抱，管儿也盼了太久太久，那日痛下决心的离别，在她心里种下永恒的思念，自别经年，她何尝不是度日如年，一心相思，又岂是一曲琵琶可以诉说。在元稹之后，她亦阅人无数，终究再也没有男子对她如此倾心，此时此刻，此情此景，她感叹造化弄人，又不得不感激这种幸福的造化。

两人拥抱之后，轻声诉说着自己的思念与痛苦，两个人都有说不完的话，似乎要把这一年的思念彻底宣泄。夜色茫茫，两人从半山亭中走下来，走在牡丹丛中，元稹问起管儿为何来到李著作园，是不是发生了什么事。

管儿告诉元稹，半年前，她在卖艺时，李著大人恰好从此路过，听到她的弹奏之后，便闻声停驻，一曲弹完，他上前问她，愿不愿意来府上做乐师，平日无事，只需佳节宴会上表演便可，可以住在他府中，每月还有晌银。管儿便答应了，从此就只在此园弹奏。

元稹听了满是欣慰，此前他一直为管儿担心，怕她一介女子，生活无依。李大人是当代俊贤，能在他府上做歌女，是一件再好不过的事了，只要她过得好，他也能够放心了。

管儿在此，元稹自然不会离开。在送走朋友李建之后，元稹每天都来李著作园听管儿弹曲、唱歌。只要和管儿在一起，元稹的忧愁便烟消云散，他看着眼前这个心爱的女子为她弹奏、吟唱，他想到天下幸福之事，恐怕也正在此时此刻了，他在柔美的乐曲中幻想着两人的未来，他甚至想到了成亲，只要她愿意，他便要娶她为妻。

然而，当他准备告诉管儿的时候，已是人去楼空。管儿给他留下一封信笺，大意是说，此次分别，思虑良久，两人身份悬殊，若结连理，必遭世人非议，她不能误了他的锦绣前程，只好忍痛作别，望他珍重。

元稹彻底绝望了，在他眼中，两人根本不存在什么差距，自己也曾过着像她那样的贫寒生活，完全理解她的处境，以后也会用心对待她。可管儿为什么还要离自己而去呢？

回到长安的元稹伤心欲绝，他不想跟任何人说话，甚至也不想听到别人说话，这两次的离别对于一个十七八岁的少年来说，是很严重的打击，彷徨也好，无奈也罢，他心绪烦躁，不愿在长安家中停留一刻。

为了让自己清净一些，他来到了离靖安坊不远的开元观里暂居，这里环境清幽，人烟稀少，适合修身养性，净化尘根。虽然元稹年纪不大，可经过了这次情感伤害之后，他也需要安静地休养与思考。再者，他也希望借这个安静的地方，焚香静默，好好读书，想想未来的事情。

第三章

琴瑟在御

第一节
任职教书入仕为官

想象中的结束，应当有一场痛彻心扉的撕裂，绝不像现在这般，安静地咀嚼着失落的忧伤。誓言，总是秀口吐出的一种虚妄，她令人神魂颠倒，忘乎所以，也令人失魂落魄，黯淡无光。昔日情爱的伤疤隐隐作痛，每一颗眼泪都能轻易将自己灼伤，烧得像火灾，冷得像白雪，他想，这就是古人眼中的爱情吧。

在开元观暂住的时候，元稹为解心中之苦闷，还邀儿时玩伴胡灵之来一同读书。两个年轻人谈天论地，结伴相游，不亦乐乎。元稹还带上西河县的好伙伴杨巨源和李建一起，几人在京城里流觞引醉，喝酒斗诗。这样，元稹才逐渐从与管儿离别的痛苦中摆脱出来。

在随后的几年中，元稹一边在西河县衙任职，一边在交际场中混迹，虽然没有原先那样刻苦地读书了，但是他并没有颓废下去，而是结交了很多朋友，有现任朝廷官员，还有与他一起入仕的同辈人，总而言之，元稹始终在为今后的仕途做着准备。

通过这几年在西和县当差和与官场中人打交道的磨炼，元稹的心智更加老成。如今的他，无论是在举止谈吐和待人接物方面，都十分稳健，赢得许多前辈的赞誉。

贞元十八年（公元802年），元稹任期结束，等待他的将是吏部的选拔考试，这是他入朝为官前最重要的一次考试。根据规定，参加考试的举子们，必须有一部最令自己满意的原创作品，在考试之前交给相关官员，其目的就是向朝廷展示自己的才华与能力，如果腹有诗书，文采斐然，自然会得到皇帝青睐，拔擢为官。

按照元稹所在的吏部乙科规定，举子所交的作品题材必须是《传奇》、《幽怪录》之类的故事性作品。元稹接到考题后，回到长安的家里，整理了自己多年来积累的资料和作品。经过深思熟虑之后，他决定把自己与管儿的故事写下来，这便是后来著名的传奇作品《莺莺传》。

元稹笔下的《莺莺传》，描写的是一个书生去远方亲戚崔家做客时，被小姐崔莺莺的美貌所吸引，恰逢当地地主的儿子前来抢亲，崔家无力反抗，最后张生挺身而出，挽救了崔家名誉。后来张生与崔家小姐崔莺莺产生了爱慕之情，两人不顾父亲的反对，在西厢房耳鬓厮磨，私订终身。故事的结局却颇令人遗憾：最终张生借机离开，丢下了崔莺莺，再也没有回来。

在元稹之前，“传奇”这一题材的作品，多是平铺直叙，通过一些灵异故事来表达一些佛道思想，描写手法单一，文学性不强，长久以来，都被士子们认为难登大雅之堂。

而在这一部作品中，元稹加入了很多新鲜的文学手法，比如精致的白描、跌宕的情节、优美的文辞等，将他这些年来的文学功底与积累全部倾入其中，使“传奇”这种文学样式，无论在内容思想，还是在风格趣味上都出现了极大的改观。

此作品一出，便引起了巨大的轰动，无论是耄耋老人，还是顽皮小孩，上至达官显贵，下至市井小民，都知道有这样一部《莺莺传》，一时间，元稹名声大震。《莺莺传》一时洛阳纸贵，主持科举的官员，还未见元稹真容，便迫不及待地先读了《莺莺传》，这才叫作“未见其人，先读其作”。

事实上，《莺莺传》只是元稹的牛刀小试。因为吏部考试的文章属于判文，所以在考试之前，元稹在家终日研究、创作判文。据史料记载，在历史上传承下来的所有判文中，已被发现的、元稹所著的就有17篇，几乎都是在备考之前创作的。虽然那时的元稹还很年轻，但从文笔来看，已现大家之风。

正式考试时，元稹创作了一篇名叫“乙于田中种树，邻长贵其妨五谷，乙乃不伏”的文章，是针对当时唐朝的法律而写的，此篇作品针砭时弊，气势磅礴，文笔老成，一针见血，之所以可以切中事实要害，是因为他和一些朝廷官员打交道时，了解了在朝为官之人的一些习惯与想法，加之对于自己文采的自信，所以对于这次考试，元稹颇有信心。

贞元十九年（公元803年）的春天，元稹通过吏部考试，获得了吏部及第，正式入朝为官。提起这次顺利通过考试，其一是他本身深厚的文学功底，其二就是因为他的那部《莺莺传》获得了广泛好评，朝廷看中了他绝世优秀的文采，尤其是那节《毁方瓦合判》，行文通畅，逻辑缜密，情理兼有，遂成奇文。

在那样紧张、严肃的考场上，元稹能发挥出如此高超的水平，没有深厚的功底和良好的心态是做不出来的，所以取得这样的成绩，也属于实至名归。

当时主持科举考试的朝廷大臣，有吏部侍郎郑珣瑜和参与考司判的裴垍等，他们都非常喜爱青年才俊。在看到元稹如此优秀的文章时，他们颇感兴奋——如果将元稹这样的优秀人才委以重任，是朝廷的一大幸事。所以，元稹顺利通过也不足为奇。

那年与元稹同时参加科举考试的，还有后来的唐代大诗人白居易。早在科举考试之前，白居易就读过元稹的《莺莺传》，对其的文采韬略赞不绝口。此次两人同被录取，才得以相见。元白二人几番交谈之后，都觉得志同道合、相见恨晚，于是二人自此结下了深厚的友谊，在以后的三十年里，两人不仅在诗词方面有着深入探讨，而且两人的友谊也是极为深厚，可称得上是生死之交。

同年四月，元稹与白居易一同做了校书郎的职务。此差事主要将历史上所有关于皇家的书籍进行整理，他们二人均在文学方面天赋异禀，所以对这种工作也是手到擒来。

这两个年轻人自任朝廷官员以来，春风得意，怡然自得，两人均在年轻时便顺理踏上仕途，有个不错的开端，比起那些已入耄耋之年还在科举场上挣扎的老生而言，他们的确是被命运眷顾的宠儿。

那段时间也是两人最为开心的日子，想想他们都是寒窗苦读多年，枯燥与烦闷长期压在身上，如今一飞冲天，一鸣惊人，金光大道似已铺好，前途亦无甚担忧，昔日的汗水化作今日的硕果，年轻的心怎能不为之激动？卸下所有的压力与包袱，他们现在就想好好享受一下生活，白居易在《代书诗一百韵寄微之》中，就两人当时的状态进行了描述：

忆在贞元岁，初登典校司。身名同日授，心事一言之。肺腑都无隔，形骸两不羁。疏枉属年少，闲散为官卑。

诗中充分写出了元稹、白居易当时入朝为官的喜悦之情，两人同为一批考生，又拜同样的官位，关系自然是亲密。由于校书郎官职不高，政务清闲，所以两人都好生悠闲，心中无甚挂念，便浪游不羁，疏狂终日，“肺腑都无隔，形骸两不羁”，这句诗把元稹、白居易的愉悦之情和悠闲之举刻画的惟妙惟肖。

元稹和白居易显然都沉浸在初为官员的兴奋之中，他们每天出入皇宫，做着令人羡慕的工作，自己又有一定的能力，所以心中的优越感油然而生。刚刚入朝的时候，他们并没有做什么实际的工作，只是在其他校书郎的带领下，阅读一系列的皇家史料和相关文章。起初，他们以为校对和整理史料的工作是庞杂而烦琐的，但是一段时间下来，他们发现这种工作有固定的章程和程序，其实比较清闲，而且难度也不是很大，更有机会接触到许多珍贵的历史文献，二人利用职务之便，阅读了大量的经典书籍，这对于酷爱文学的他们来说，绝对是天堂般的享受，因为这里所珍藏的很多书籍，都是绝本和孤本，在民间根本不可能看到，所以二人可以用大量的工作时间来阅读这些经典，这对于他们日后的创作起到了至关重要的作用。

在悠闲的时间里，以元稹、白居易为首的这群年轻人，游走在长安的各个角落，除了他们二人之外，还有李建、李绅、李复礼、王起、吕炅等十余人。由于认识的人越来越多，所以他们所参与的场合与聚会也是越来越多，接触的人和事也就越来越多。

在这群公子中间，大多都是饱读诗书、腹中有墨的文人，所以对于和文学有关的事情，他们都乐此不疲地参与着。后来，他们十几个人一起参与了话本小说的讲唱活动，类似于如今大学的演讲社团，将一些好的文章与小说讲给大家听。

虽然这种文学活动让元稹、白居易觉得很有趣味，但是这毕竟不是他们内心真正最想做的。在他们二人的心中，还隐藏着民生疾苦和自己的政治抱负，如今在朝廷里也没有什么事情可以做，久而久之，竟颇感无聊，他们只是空有一腔热血，无法施展。

后来他们发现，校书郎虽然是一个小官，但是在工作时，还是可以接触到许多内廷官员，通过和这些官员聊天，从他们口中可以打探到朝廷最新的政令，甚至一些不为人知的内幕消息，每每听到某些官员阳奉阴违、压榨百姓之事，两人都颇感愤怒与不平。

他们虽只是一介校书郎，整日与书籍打交道，但是士子的责任感却从未被卸下，儒家的正统教育告诉他们，修身齐家之后，便要治国平天下，如今天下不平，他们又怎能做到充耳不闻？身为校书之职，并没有直接参与政事的权力，此刻便只好韬光养晦，待他日厚积薄发。

第二节

愿得一人白首不离

古人的智慧就凝聚在手中这本薄薄的线装书中，弹指间，眼角驻足处，每一场惊心动魄都被收藏心中，天行有常而世事万变，策士之间的唇枪口战，谋士之间的口蜜腹剑，字句之间，历史仿佛就是循环，他们所眷恋的江山，也不过是沧海一粟，俯仰之间。

看惯了宫里的尔虞我诈之后，元稹与白居易对朝廷的未来也越发担忧，但是无奈世风日下，他们即便有万千良策，也无法挽回衰败的颓势，所以他们平时除了做好自己的工作、研读自己喜爱的书，就是和朋友游山玩水、寻访古迹，倒也自在无比。

虽然他们看似不问世事，但是元稹并不想这样虚度时光，有一次，他在和白居易读书的时候，突然生出一个想法，马上放下书本，来到白居易面前。

白居易看他一脸兴奋，便知道他一定是想到什么了，便立即问他可否想到了什么？

元稹有些慷慨激昂，他告诉白居易，如今朝廷这样混沌不堪，真正受苦的都是普通老百姓，尤其是你我这样的年轻人，如果一直这样混迹下去，无所事事，后果不堪设想，咱们必须要做些什么，能够激发年轻人的斗志，这样国家才有希望。

白居易频频点头，立即追问该如何行事。

元稹思索片刻，想起他们一直在做的话本小说，元稹提议，在此后讲唱的时候，多找一些激发人心、针砭时弊的文章，讲给那些年轻人听，把他们心中那种潜力和力量激发出来，让大家一起改变现状。

白居易听到这里，连声叫好，两人一拍即合，马上开始着手准备。

元稹和白居易将此想法与其他朋友说明以后，受到了大家的广泛认可，这一众人虽然不会什么武功，但是要论文采，那也是出类拔萃的。因此从那时起，他们在长安城的各个地方，纷纷开始鼓动说唱文学，表面上是宣讲故事，实则鼓动年轻人奋发图强，勿忘读书明经之初衷。

一时间，元稹、白居易等人发起的话本小说的讲唱活动，如一声春雷，在长安城内引起了不小的反响，前往瓦肆弄堂里听讲唱的人越来越多。一时间，他们几个年轻人成为长安有名的才子，每来到一个地方，都会引来很多围观者，尤其是年轻人，更是非常喜欢这种通俗有趣、感染性强的演绎方式，在被道统文学占据的社会形态中，这样的娱乐方式令人耳目一新，的确颇受欢迎。

此举不仅使民间老百姓受到了鼓舞，也让朝廷内部官员有所耳闻。许多当朝的忠义之士，对元稹、白居易的做法深表敬佩。他们虽然不敢大肆夸奖他们二人，但却通过各种渠道和方式表达了自己的敬意。当然，也有一些官员，以某种方式提醒他们，让他们收敛一点，不要影射朝政，招来杀身之祸。

年轻气盛的元稹、白居易并没有在意这些提醒，早在这场运动之前，他们就已经做好了迎接暴风骤雨的准备，既然已经被某些官员视为眼中之刺，何不借机刺得更深？

随着他们讲唱活动的进行，认识他们的人也越来越多，有一些百姓专门找到他们，向他们诉说冤情，乞求他们为自己伸冤；还有一些官员文人，因为看中他们的文采和能力，纷纷邀请他们来为自己写文作诗。对于前者，二人来者不拒，利用舆论压力使那些贪官污吏不得不收敛许多；至于后者，除了那些无法推脱的至交与权贵，他们则一概回避。

一日，一位朋友来访，说京城太子少保韦夏卿邀请元稹去府上做客。太子少保贵为京城高官，元稹自然不敢怠慢，稍作休整之后，便跟随这位朋友来到了韦夏卿的府上。

韦夏卿虽然贵为太子少保，但府上丝毫没有铺张奢靡之气，院中只有简简单单的花草果树、石桌凳子，房间里的陈设也非常质朴，几本古旧老书，一盏枯灯，可见主人是个淡泊清雅之士。

来到正厅，韦夏卿快步上前迎接，“久闻元大人之名，年轻有为，长安讲唱之事，韦某深表佩服”。

元稹立即回礼，说那只是他和几个玩伴闲暇之举，难登大雅之堂。

一番寒暄之后，几人纷纷落座，元稹便直接问韦夏卿找他有何事。

韦夏卿直言相告，说自从元稹和白居易在京城讲说以来，韦夏卿就对他们有所留意，知道他们个个都是文笔超群，才能过人。后来听别人说，元稹与李绅是朋友，所以他想通过元稹认识李绅。

元稹一时奇怪，位高权重的韦夏卿为何要认识李绅？

韦夏卿告诉他，当初李绅对他有知遇之恩，韦夏卿一直想报答，可始终找不到他的踪影，所以想让元稹帮忙寻找。元稹了解情况后，答应了韦夏卿的要求，两人谈笑一番，元稹便准备打道回府。

走出厅堂时，元稹看到院内有位女子立于腊梅花下，清风拂耳，花瓣凋零，那女子只是痴痴地看着梅花，却不知早已暗香盈袖，落花满襟。面对此情此景，元稹不觉惘然，那女子唇红齿白，肤如凝脂，气度淡然，恬静如仙，思虑间，俄而轻叹一声，那女子突然回头，两人对视一眼后，女子莞尔一笑，互相礼貌性地示意了一下，元稹便匆匆离开。

回去的路上，元稹一直在想刚才那位女子，她虽然穿着普通，但是举手投足之间，显得非常优雅、大方，尤其是她的笑容，充盈着不食人间烟火的单纯与透明，既让人感受到她的气质，又让人感受到她的温暖，使人难忘。元稹很久没有这样回味一个女子了，但他也只是回忆，并没有其他的想法。

回府之后，元稹马上给李绅写信，请他速来京城。写完之后，即刻派人速速送去。

十日之后，李绅便策马来到了京城，本以为元稹有要事相商，可来了一看，元稹一切安好，便放心了。

元稹邀来白居易等几位好友，为李绅接风洗尘后，第二天，元稹便带着李绅来到了韦夏卿府上。

见到李绅，韦夏卿万分感动，顿时喜极而泣，紧紧握住李绅之手，话语不断，元稹见他二人久别重逢，有长叙之意，不忍打搅，便转身走出厅堂，来到了花园里。

韦府的花园虽然有些简陋，但是花木茂盛，看似杂芜，却整齐有序，一看就是有心之人时常打理的。元稹仔细看着每一种花草，虽然它们相差不大，但是各自习性不同，想要养好它们，并非一日之功。

元稹正低头看着，突然闻到胭脂的芬芳，定是有女子经过。他抬头一看，竟是那天在府上偶遇的女子。元稹这次仔细地将她打量了一番，她身穿青衣，款款向自己走来，步伐轻盈，体态优美，清秀的脸庞带着雨后初阳的娇艳，令人感到非常温暖。那女子走上前来，细声向元稹道歉，说打扰了元稹赏花，实在是不礼貌。

元稹见这位女子如此客气，便立即回礼，赞许此处的花尤为鲜艳，一定是细心之人照料的。

这位女子听完，面露羞色，她告诉元稹，院中的花草，都是自己闲来无事所种的。

元稹听罢，露出惊讶的表情，他没有想到，这样一个大家闺秀，竟然会亲自动手收拾花草。看来这位女子不仅安静恬淡，骨子里还隐藏着另一番优雅的气质。

这更加勾起了元稹的兴趣，一个大家闺秀，不好好在家绣花看书，为什么要亲自种花种草呢？

女子看出了元稹的心思，不免轻轻一笑。她告诉元稹，她自幼酷爱花草树木，对它们的习性了如指掌，家父虽管教严格，但在种花养草这件事上倒随她的意愿，于是，这满园春色都是她一手培植出来的。

听到这里，元稹不禁好奇地问女子的家父是谁。

女子莞尔一笑，答道："小女子正是韦夏卿之女，韦丛。"

元稹顿时对韦丛心生好感，堂堂太子少保的女儿，竟然这样知书达理，亲切可人，真是难得。

随后，他们二人便在花园内信步闲聊。其实韦丛早就从父亲口中听过元稹大名，那时韦夏卿说元稹等人在长安讲唱时，就对韦丛提起过他，因为韦夏卿一向刚正不阿，所以对于元稹等人的做法拍手称赞，经常在韦丛面前夸奖元稹等人的智识与勇气。

而韦丛也对这种颇具才气的男人非常欣赏，在和元稹首次邂逅之后，对其印象很好，感觉他温文尔雅，彬彬有礼，所以今日看到元稹在花园里赏花，便特来与他相识。

二人此次相识后，都觉得意犹未尽，临走时，元稹邀韦丛一起去长安游玩，韦丛欣然应允。

将李绅送走之后，元稹一直想找个缘由去见韦丛，但是又怕贸然行事，有失礼节，所以一直犹豫不定。后来在办公事的时候，他又遇见了韦夏卿，韦大人说家里有一些藏书，邀元稹一同品读，元稹当即答应，之后，元稹经常以看书为名，到韦夏卿府上与韦丛相见。

由此，两人的感情迅速升温，元稹被韦丛的知书达理、贴心细致所吸引，而韦丛也爱上了这个年轻有为的书生。深思熟虑之后，元稹决定娶韦丛为妻，白头偕老，相伴终生。当元稹到韦府提亲时，韦夏卿对这个自己欣赏已久，而且又帮过他忙的元稹，自然是欣然接受了。

就这样，元稹娶到了心仪已久的大家闺秀韦丛，而嫁到元家的韦丛，没有提出任何锦衣玉食的生活要求，只希望与夫君过上安稳的生活就知足了。

从元稹认识韦丛到娶她进门，虽未遇到波折，但他心里对韦丛一直心怀愧疚，因为韦丛毕竟是太子少保的女儿，是贵族之后，而自己只是一个小小的校书郎，家里破旧不堪，自己也暂时没有能力让韦丛过上从前的生活，实在是委屈了她。或许，他能给予韦丛的，只是一颗真心，一世情缘。

第三节
韦丛贤妻琴瑟相和

在所有文人的梦中，红袖添香，伊人常伴，是最浪漫旖旎的风景。韦丛正值青春年华，风姿绰约，温润可爱，她的臂弯包容着他所有的关于才子佳人的幻想，那份喜悦犹如在初春嗅到的淡淡花香，令人心醉迷离。也许无论多么浓烈的爱情，最终都会转变为平淡的亲情，但此时此刻，他爱她的容颜娇艳，爱她的眉角、唇涡和手心。

嫁给元稹之后，韦丛的生活重心从此只有夫君，端茶递水，举案齐眉，她小心照料着元稹的生活起居，夫妻二人恩恩爱爱，琴瑟相和。他们所住的地方，虽然还在元氏当年的宅院，但是自从家败之后，落魄了十几年，这里早已破旧不堪。韦丛嫁过来之后，把她和元稹的房间重新修葺了一下，现在虽然外表破旧，但是屋子里却干净整洁，有了家的味道。

此时的元稹，仍然只是朝廷里小小的校书郎，每月的俸禄微薄，仅够两人维持生活。而他自结婚之后，基本推辞了所有的应酬活动，除了按时当差之外，几乎都待在家里陪伴妻子。

在元稹心中，韦丛一直都是不可多得的大家才女，虽然她嘴上从不承认，但是她的气质和学识都远胜于很多女子，甚至自己身边的同辈士人。因而元稹一直非常内疚，作为丈夫，他不应让妻子亲自操劳，可是自己的俸禄那么少，请不起佣人，所以自己只能尽量帮她，好让她少辛苦一点。他在后来创作的《祭亡妻韦氏文》中写道：

建归于我始知贱贫，食亦不饱，衣亦不温。然而不悔于色，不戚于言。他人以我为拙，夫人以我为尊。置生涯于漫落，夫人以我为适道。捐昼夜于朋宴，夫人以我为呷贤。

此文写得温婉而凄凉，字里行间都透露着内疚之意，“食亦不饱，衣亦不温。然而不悔于色，不戚于言”，处处都能表现出他内心对妻子的感激与感动，韦丛的贤良淑德、无微不至是元稹此生最大的荣幸，即便自己多么的落魄不堪，在妻子眼中，他就是她的挚爱。

从诗中不难看出，韦丛嫁给元稹，的确尝遍了生活的辛酸。为了让元稹吃饱穿暖，她不惜自己节衣缩食，甚至典当了许多从娘家带来的嫁妆，总之，不管自己多么委屈，也要照顾好丈夫元稹。

那一晚，两人正在下棋，看着爱人的手不似往日那般雪白鲜嫩，元稹心疼地说："你嫁给我，不是来做仆人的，你原来在家是被人服侍的大小姐，现在在这里要却干粗活，让我觉得很难受。"

韦丛轻轻笑了一下，抚摸着元稹的头发说道："既然嫁给官人，我就没有想那么多，现在虽然苦了一点，但是我心里很踏实。"

韦丛的话着实让元稹心里暖暖的，他为自己能找到这样一个贤妻而感到欣慰。自从家族落败之后，他从来没有想到还能娶到朝廷官员的女儿，如今娶了太子少保之女，而且这样通情达理，所以他非常知足。

闲来无事时，元稹便与韦丛结伴游玩，有时元稹还带韦丛去他以前和朋友们玩过的地方，给韦丛讲他藏在心中许久的故事，韦丛始终在身旁静静听着，她完全被元稹的才华所吸引，不时投去崇拜的目光。

说到才气，其实韦丛一点也不输给元稹，从小她就学习琴棋书画，作诗、弹曲、画画样样精通，这才让她拥有了超凡脱俗的气质。成亲之后，韦丛几乎把元稹所有的诗歌、文章都逐一进行研读，并且时常与元稹探讨诗歌与文学。她心思细腻，对诗歌的感悟见解别具一格，常常令元稹大为惊叹；有时，韦丛还亲自作诗给元稹，那文笔一点都不亚于元稹，诗中字里行间都透露着满满的幸福和满足。

元稹为了减轻妻子的负担，除了完成朝廷的工作之外，有时还帮别人书写文章，获得些许润笔，以贴补家用，眼看成亲也有些时日，但韦丛从未提起过添丁之事，元稹心里明白，韦丛不是不想给自己生儿育女，是怕家里的境况承担不了这样的负担。

事实上，无论是元稹还是韦丛，都想有个孩子，可是家中本就拮据，有了孩子，生活就更加紧张了，看到韦丛的琢磨不定，元稹顿感凄然，为人妻、为人母本是自然之事，可怜妻子却要前思后想，犹豫不决，那一刻，他毅然决定，一定要与韦丛生个孩子。

某晚，元稹和韦丛谈起了添丁之事，韦丛虽表面不以为然，但是内心却非常犹豫，然而，出乎她的意料，元稹却开导起自己来，他说家里还有一些积蓄，自己也尽量多赚点钱，不论如何，两人的爱情总要有个结晶，孩子是一定要生的。韦丛最终听从了丈夫的劝告，不久，她便怀上了元稹的骨肉。

韦丛有孕在身，元稹去掉自己大半花销，他时常买些补品给韦丛调养，即使韦丛一再拒绝，元稹也照做不误，父亲韦夏卿闻听女儿怀孕之后，也时常前来探望，并吩咐下人拿些需要的东西来。

韦夏卿看到女儿的生活虽然较为清贫，但从韦丛的眉宇之间，依稀感觉到她很幸福。这也是韦夏卿为之欣慰的，所以他对元稹非但没有任何怨言，反而觉得他很正直，他没有因为家庭的困难，去阿谀奉承、巴结显贵，获取不义之财，这让韦夏卿非常安心。

虽然韦夏卿和韦丛没有嫌弃元稹的清贫，但是在元稹心里，始终觉得自己亏待了妻子韦丛，自从与韦丛成亲之后，元稹就背负了很大的压力，每天在朝廷里，除了工作、读书之外，他似乎总是忧心忡忡，身旁的白居易看到元稹这模样，自然也跟着着急。

元稹经常向白居易打探有没有赚钱的路子，可是除了帮人写点诗词书稿之外，白居易自己也没有其他赚钱办法，所以他只能尽量帮着元稹打听着谁需要诗词书稿，好让元稹去做。其实，如今看来，以元、白二人当时的盛名，只要他们愿意为某些权贵写些歌功颂德的辞章，或者编些迎合世俗口味的传奇小说，生活也不至于如此落魄。只是，二人皆是耿直不阿之人，又不愿俯就世俗，才困顿至此。

在京城内如火如荼的话本小说讲唱，如今元稹也很少去参加了。他所有的心思，都转移到韦丛和家庭生活上了，每天回到家，看到韦丛辛苦地忙碌着，元稹心里备感酸楚，当日在王府内种花养草、信步闲游的青衣女子，如今却不得不在厨房里终日与炊具为伴，这一切，都不是韦丛的错，而是他元稹的肩膀还不够坚实，还需要妻子撑起这个家。

虽然终日在为生存奔波，但不得不说，有了韦丛的元稹，与以前大不一样，除了生活上被照料的无微不至以外，他与韦丛也成了精神上的知己，韦丛丰富的学识，聪慧的感悟能力，与元稹产生了强大的共鸣。在文学上，夫妻二人你唱我和，许多观点一拍即合，元稹读书时，韦丛便在一侧红袖添香，长夜相伴，与元稹而言，世间幸福得意之事，正是如此吧。

贞元十九年，韦夏卿接到朝廷命令，被派往长安东都留守，因为元稹的家位于长安西坊，所以韦夏卿与女儿、女婿相隔较远，生活上便无法像从前那般照料了。虽然韦夏卿对元稹没有什么怨言，但是看到女儿生活的如此艰难，韦夏卿还是觉得有些心疼，所以平时经常派人给元稹、韦丛送点东西，有时也接两人来府中吃饭、小住，只是如今自已要去东城任职，难免有些不舍。

上任之后，韦夏卿居住在履信坊，此处比原先的宅院要大很多，除了韦夏卿所住的院子以外，后面还有一个院子，虽然有些破旧，但是家具都很齐全。思来想去，韦夏卿觉得可以让女儿一家暂时居住在此，等孩子出生以后，再搬回去也不迟，便派人将它打扫干净，让女儿和元稹在此居住。

虽然韦府距离皇宫较远，元稹每日去宫里要花去很长的时间，但是比起家里，韦夏卿的府上条件要好很多，而且去了之后，韦从也可以被家人照料，自己就可以安心办差了。所以韦夏卿跟他们提起此事之后，元稹便答应了，几日之内，二人便搬进了韦府。

入住韦府之后，元稹与岳父大人相处和睦。韦夏卿虽然身居要职，但为人十分随和，他崇尚勤俭，生活简朴，家中没有什么值钱的东西，他也厌恶那些珠光宝气的俗物。与元稹一样，韦夏卿也喜欢读古书，所以闲来无事时，他经常邀元稹在书房探讨文学诗词，有时两人还一起作诗、下棋。关系十分亲近。元稹后来在的《梦游春七十韵》中，详细描述了当时的美好情景：

当年二纪初，嘉节三星度。朝蕣玉佩迎，高松女萝附。韦门正全盛，出入多欢裕。甲第涨清池，鸣驺引朱辂。广谢无萎蕤，长筵宾杂厝。

此文是元稹对韦夏卿府上的描写，当时是韦家最强盛的时候，韦府上下都洋溢着华贵而热闹的氛围，那时，常常有达官显贵前来拜访，一时间，门庭若市，迎来送往，好不热闹。韦夏卿为人和善，对府内人并不严加苛责，下人们轻松愉快，常常传来阵阵笑声，一派祥和富裕的景象。

韦从原以为元稹住在自己家会有所顾忌，毕竟他是一个要强之人，但没想到他和自己的父亲相处得甚是融洽。每晚回府之后，他常陪自己一同做家务、一同在花园漫步闲聊，其实韦丛了解，元稹并非无所顾忌，他所做的这一切都是为了自己好，所以韦丛从心里感激元稹。

知道元稹在朝为官，韦夏卿经常向元稹谈起为官之道，更教他如何在宦海之中立于浪头而不被湮没。如果说小时候父亲讲的朝野之事已经成为历史，那如今岳父给他讲的，都是当今正在发生的事情。从岳父口中，他了解了朝廷之下暗潮涌动的危机，也懂得了如何在官场上收放自如，在他眼里，为官如岳父清廉正直，是朝廷，亦是百姓的福祉。

韦夏卿也十分看重元稹的正直与坦荡，他曾多次在王叔文、柳宗元、刘禹锡等好友面前夸奖、引荐过元稹，这些人在日后都成为元稹在政治、文学上的挚友，与元稹有着密切的交往。

之所以迟迟才向朋友们介绍元稹，是因为他要充分了解元稹的为人处事之后，才决定是否要向朋友引荐，事实证明，元稹果真没有令他失望，所以韦夏卿才向几位老友推荐了元稹。韦夏卿的这些老友，都是在文坛上颇有名气的人物，元稹能够认识他们，自然是非常荣幸，像柳宗元、刘禹锡这样的大诗人，元稹早有耳闻，而且早已把他们的作品烂熟于心，今日有幸相见，自然是非常高兴。

在一番寒暄之后，元稹便与各位前辈谈起了文学创作。当几位大家得知《莺莺传》就是面前这个年轻人所作之后，立即对元稹刮目相看。他们纷纷感叹，这样的年纪能写出如此优秀的作品，实属难得，所以大家都对元稹有了深刻的印象。

酷爱文学的元稹，在与几位文豪交谈之后，受益匪浅，如果不是岳父组织这次聚会，他是很难直接与这样几位前辈畅谈无阻的，元稹非常开心，甚至多日之后，他还在细细咀嚼那一天的所闻所感，前辈的话着实令他豁然开朗。

从那之后，元稹对岳父的认识越发深刻，他开始和岳父探讨起自己的创作和作品，将之前心中对写作的困扰和疑惑倾泻而出；而韦夏卿了解了元稹的想法后，不仅自己给予元稹很多的意见，还时常邀请一些诗人一起探讨，对元稹的创作给予了最大的支持。

那段时间，元稹的文学造诣得到了飞速的提高，一场场聚会就像一个个诗歌发酵的温床，在前辈们中肯的指点下，元稹对文学的理解与创作都上了一个新的台阶，难得的是，大家以文会友，元稹与几位大文豪都成了朋友，他们日后在元稹的仕途发展和文学创作当中，都给予了很多的帮助。

其实在元稹心中，文学创作固然重要，但有孕在身的妻子，才是他生活的至重，韦丛自从回到韦府，便有专人服侍，静养休憩一段时间后，气色比原先好了许多，元稹只要有时间，都会陪在她身边。

韦丛知道元稹对她存有几分内疚，自成亲以来，元稹几乎除了工作，余下的时间都陪着自己，韦丛其实并不想这样，她知道元稹喜好文学，是生活的重压不得不使他将爱好暂时搁置一边来陪伴自己，如今生活得以保障，她便主动找到父亲，要他帮助元稹，而父亲也正有此意，所以才有后来发生的一切。

一次在与元稹聊天的时候，韦丛提起了这件事情，她希望元稹能以事业为重，现在自己有人照顾，他不必再担心。韦丛的一席话让元稹释怀了许多，纯粹的文学理想在他心里愈埋愈深，如今释放出来，他又有些跃跃欲试，有韦丛的这些话，元稹心里也踏实多了。

在认识了柳宗元、刘禹锡等人之后，元稹在长安的交际圈立刻扩大不少，他们不仅给元稹讲了关于文学的事情，还与他畅谈古今，纵横策论，久而久之，元稹心中那个被生活隐没的治世理想，又一次渐渐浮现……

第四章

风毛渐露

第一节

状元及第选在君侧

瞬息万变的朝中局势，从来由不得他们。但他们又是如此不甘寂寞，不甘满腹治国理想被琐碎的日常生活一点点湮没，青年立于洪流之中，本可以全身而退，或涧底束薪，或醉卧白石，只是腹中贮书一万卷，哪肯低头在草莽。

元稹与柳宗元等人结识之时，李唐王朝正陷入前所未有的危机中。皇权分散，太子坐大，宦官专政，藩镇割据，内外交迫，整个唐朝已奄奄一息。

以柳宗元、王叔文、刘禹锡等大臣们带头反对宦官专权，掀起了史上著名的“永贞革新”。

但是，当时顺宗的权力已被架空，犹如傀儡，大部分官员被太子收买，无奈柳宗元等革新派势单力薄，无力回天。太子李纯携朝中宦官逼顺宗禅位，标志着“永贞革新”彻底失败。李纯登基之后，以莫须有之罪将柳宗元、刘禹锡等人流放，永贞二年，唐顺宗因病去世。

唐宪宗李纯登基之后，改年号为元和，同年宣布大赦天下。而此时作为朝廷校书郎的元稹与白居易对以下犯上唐宪宗已经彻底失望，他们对朝廷举行的各种庆典活动冷漠置之，除了应付差事之外，他们便游山玩水，而且在撰写公文的时候，故意将年号写成“永贞二年”，以示对朝廷的不满。

当时，元稹创作了大量的作品，来驳斥当时的朝廷，而对于唐顺宗，元稹却大加赞赏，把其比喻成历史上的“大顺”。在《顺宗挽歌诗三首》中，元稹写道：

七月悲风起，凄凉万国人。羽仪经巷内，辒辌转城闉，暝色依陵早，秋声入辂新。自嗟同草木，不识永贞春。

此诗将元稹心中对朝廷的不满表现得淋漓尽致，诗中所用词汇都略显悲凉，“悲风”、“凄凉”等词语都表现出元稹对于旧皇的留恋和对新皇的失望与无奈。

元稹不仅是对唐顺宗非常怀念，更是为柳宗元、刘禹锡等忠义之士鸣不平，他们在自己心中，一向是耿直不阿的忠臣，当朝天子却被一群宦官混淆视听，颠倒黑白，将二人流放在外，这令元稹和白居易非常失望。

元和元年，就在唐宪宗登基不久，元稹和白居易便辞去了朝廷校书郎一职。两人之所以去职：一是因为厌恶了当时的朝廷，不愿意与贪官污吏同流合污；二是不想终日埋头书斋，虚度光阴，想出去大干一番。

辞职以后，两人并没有借此休息，而是一起去参加当年的制科考试，此种考试选拔出来的官员都能获得要职，能被重用。两人之所以来考试，一不为名、二不为利，就想有一个更大的平台，可以施展自己的抱负。

由于唐宪宗刚刚登基不久，所以很多朝中之事都延期进行，原本定于元和元月进行的制科考试，被拖延到四月十二日，中间有三个多月的时间，这给了元稹和白居易充分的准备时间。

在制科考试中，最关键的是“试策”，官员们往往会根据这次考试的情况，确定入选的基本人员。

元稹、白居易对此次试策非常重视，那段时间，两人专门去了华阳观闭门读书，潜心研究各种题目和资料，为了顺利通过考试，他们收集了大量的书籍资料，他们不仅将各自练习的题目交换给对方审阅，对于关键性的问题，两人都认真讨论，如发现对方文章里有什么问题，会立即互相指出，加以改正，他们有时还为一些细节问题争论的面红耳赤，可见他们的认真程度。

在此期间，二人共为此次试策考试创作了七十五篇文章，后来均收录在白居易的《白氏长庆集》中，其中每一篇都极其严谨与考究，思维缜密，严丝合缝，几乎找不到大的纰漏，成为后来学子争相模仿的经典。

他们这种超乎常人的认真与严谨令人敬佩，当时朝廷里的官员裴垍就对二人的刻苦赞许有加，但是也担心他们因为太过于高度紧张，而影响到了此次考试。但是元稹对于裴垍的劝告只是表示了感谢，并没有停下自己的脚步。

在同白居易的学习中，元稹取长补短，比以前更加认真，他找来前几年的考题进行研究，除了现成的资料之外，元稹还把自己多年积累的书籍拿来作为参考，把所有可能用到的文章全部摘录到自己的册子里，这份细致与刻苦，连一旁的白居易都叹为观止。

元稹与白居易之所以这样努力地准备，就是想在皇帝设计的游戏规则中脱颖而出，一旦大权在握，他们便要出手改变这不合理规则。他们要让天子知道，民间还有很多有志之士在随时准备着，也提醒着那些唯恐天下不乱的宦官们，不可太过放肆。

元稹和白居易想靠一己之力改变现状的想法虽然看似幼稚，但却是当时人们的共同心声，他们希望皇上能早日拨云见日，铲除宦官佞臣，选拔优秀的人才为国家效力，事实上，这在当时是很难实现的。

另外，元稹、白居易对于皇上有着非常主观的看法，他们认为皇上虽贵为天子，但他不能因为自己的身份而肆意妄为，所谓君轻民重，皇帝也是为黎民百姓服务的。这种民本观念在当时是非常先进的，大部分百姓都不会想到，甚至也不能理解。

如果细细品读元稹、白居易在《策林》中的文章。当时复杂、黑暗的社会现状便跃然纸上，他们一方面揭露朝廷昏暗、腐朽的统治，一方面反映黎民百姓的困顿与苦难，清楚地表达了物极必反的道理。此外，他们在文章里，将矛头直指当朝天子，认为如今朝廷混乱、民不聊生的源头，就是皇帝的昏庸，所以皇上应该进行自我反思，明白自己的罪过，并立即改正。

要知道，如果将这些文字公布于众，不仅会让自己的人头落地，还可能让整个家族跟着遭殃。但是在元稹与白居易心中，生死早已被置之度外。事实上，如果要将他们的理论彻底实施，就要将这些贪官污吏、外戚宦官连根拔除，给朝廷重新换血，这在当时是不可能的。元稹与白居易的很多言论直指天子，这必然会遭到皇帝的记恨，即使他们的最终目的是保全李家江山，但是如此锋芒毕露的“批评”，恰恰会起到适得其反的作用。这也是元稹、白居易二人考虑不周的地方。

与科举考试不同的是，在这次制举考试中，元稹与白居易在考试中毫无紧张感，反倒是准备充分、从容淡定。他们对当时的政治、经济、文化、军事等各个方面都进行了一针见血的分析和评价，并且就当时朝廷的执政提出了自己的意见，如他们在《策林不夺人利》中写道：

君之燥静为人劳逸之本，君之奢俭为贫富之源。故意节气情而下有以获其福，一肆其欲而下有以罹其殃，以出善言则天下之心同其喜，一违善道则天下之心共其忧。盖百姓之殃不在乎鬼神不在乎天地，在乎君之燥静奢俭而已。

此文中可以看出元稹和白居易对当时朝廷以及社会现状的分析，他们对社会有着深刻的洞察和认识，并且敢于在文中提出相当尖锐的观点，他们认为现在的官员普遍生性贪婪，为了一己之利，儒士的气节一再降低。凡此种种，直逼当时朝廷要害，足以看出元稹和白居易将国家兴亡作为己任。

元稹、白居易的直言不讳让整篇文章充满犀利的味道，他们二人并不害怕主考官看了文章以后会取消他们的资格，甚至招来牢狱之灾。他们最在意的，是通过这次考试，让朝廷知道国家所面临的危机，以招来更多有志之士戮力同心，革除利弊，为天下苍生立命。

当然，他们二人也并没有把这个当作一场单纯的考试来对待，而是把它当作与朝廷的一次对话，朝廷既然要招募这些有志之士，就应该宽容纳怀，让他们这些士子能够畅所欲言，说出对朝廷的看法，这样才能展现他们的能力。所以白居易、元稹二人在准备的时候，就没有想过收敛和退路。

元稹和白居易之所以有这样坚定的立场和信念，除了自身的赤子之心之外，还受到柳宗元、刘禹锡等前辈的影响，国家不能没有忠良之士，即便朝廷再腐败，也要有正义的声音存在。

《策林》一试，元稹和白居易主要是提醒朝廷要重视礼教、回归人心，朝廷应该多多选拔贤良之才，减轻百姓的税负，这样国家才能平稳发展。这种愿望，本应是朝廷力所能及之事，但是从当时的政局来看，朝中的大臣们为求自保，把主要精力都放在尔虞我诈的党羽之争上了，而庶民百姓的死活，早已被遗忘的太久太久，如果想实现元稹和白居易的愿望，朝廷上下必须团结一心，但是这种概率的确微乎其微。

通常来说，这种制科的考试是要由皇帝亲自主持的，而刚刚登基的唐宪宗立足未稳，所以委派宰相韦贯之和张鸿靖主持。

当朝宰相韦贯之向来以主持正义为己任，此次主持制科考试，他是真想选拔一些有用之才，改善朝廷状况。当他读完元稹和白居易的文章后，大为惊喜，因为这种能说、敢说，而且句句击中要害的人，一定是有胆识、有能力、有理想的人才。所以他将元稹定为了此次制科考试的状元及第，白居易获得第四名。

从此，元稹和白居易这对挚友，如鸿鹄之两翼，光明正大地踏入政坛，庙堂之上，供奉着他们的赤子情怀和忧民之心，而这一切，仅仅是这两个年轻人漫漫征途的开始……

第二节

锋芒太盛首遭贬谪

长安城一如往常热闹，揭龙榜那日，他在城墙下徘徊犹豫，用脚尖勾起一个悠悠的圆，又抬头看了看天，再低头时，他已被洪水般道喜的声音淹没，刹那间，他想躲避那些语言、声音和表情编织的茧里，在金碧辉煌的楼宇中，迎接自己的重生。

得知获得状元及第之后，元稹兴奋不已，甚至有些难以置信。此前他和白居易预料到自己可能会身陷囹圄，即便幸免，也从来没有想过自己会当上状元。因为他们心里也明白，自己所写的文章，都是批判当今朝廷的，即便有人心里认可他们的文章，也不敢将其排在前面。

但是当他们知道主持考试的是宰相韦贯之的时候，心里便又燃起了希望，因为他们知道，韦贯之是朝廷第一忠臣，是最喜欢人才的。相信他看到自己的文章，一定会赞同他们的观点。

元稹之所以会如此笃定，是因为他知道韦贯之与自己一样，都有着远大的政治理想和赤胆忠心。当初丞相杜佑之子杜从郁利用父亲职务之便，拾遗补缺。韦贯之知道以后，坚决上奏皇上，要求严加处理，为此，他受到了京兆尹李实的威逼利诱。韦贯之宁可下狱坐牢，也绝不妥协，所以后来他与丞相杜佑关系一直不和。

正如元稹所预料的那样，他的《才识兼茂明于体用策》气势如虹，行文流畅，思维缜密，观点明确，韦贯之看到元稹文章中“指病危言，不顾成败”两句后，大加赞赏，拍手称快。

文章中，元稹就题目所列出的唐朝社会长期存在的政治问题表达了自己的看法。他认为目前最大的问题是内部斗争和军心涣散，朝廷军队长期驻扎在中原地区，经过长期战乱，军队已经折损大半，而招募的新兵却少之又少。农民耕种不如以往积极，没有足够的食物和衣服，监督耕种的官员也只顾趁机压榨百姓，如此一来，国家如何才能富强。

元稹所描述的情况，正是当时社会的现状，即使民众想要向上反映，朝廷也无暇顾及，所以只能这样放任自流。而元稹就是要通过这场考试，让朝廷知道，正是由于他们的昏聩，黎民百姓已身处水深火热之中。对于丞相韦贯之而言，已经很难看到这样直接而犀利的评价朝政的文章了，尤其是近些年来，朝廷是非不分，黑白颠倒，几乎没有人敢上书直言了。而今日又能看到这等好文章，自然要予以表彰。

此时的元稹也备感欣慰，觉得终于有人可以认可自己的看法了，以前虽然也有人称赞他的文章，但多流于表面，他真正想获得的并非这些，他并不想成为一个只会雕琢文字的文学家，他的理想也不在田园与河山，那些文字背后，是跃跃欲试的治世理想，是日渐急迫的救国良策。

现在，他终于从此岸泅渡到了彼岸，当朝丞相不仅认可了他的观点，还让他成为状元，这份知遇之恩，他自当铭记终生。

不过让他稍微有些失落的是，状元及第之后，他和白居易就要各司其职，元稹担任的职务是左拾遗，而白居易所担任的职务是盩厔县尉，两人分属不同的官职系统，从此就要各奔东西了.

回首两人三年之间的友情，从科举考试后相识，两人共同担任朝廷校书郎一职，到共同经历“永贞革新”，再到去职后，两人一同学习，通过了制科考试，同时入朝为官。他们生命的轨迹有太多重叠，他们的理想抱负还未实现，而离别似乎又是情理之中的事。

两人之所以有如此深厚的感情，源自于他们有着同样的志向、同样的遭遇和同样的爱好。白居易与元稹相互唱和，写下许多记录彼此生活点滴的唱和诗，这其中包括对社会的看法、对人格的守望、对理想的寄托，足以看出二人之间的感情是多么的深厚。离别之后，他们也常常用诗歌来寄托自己的思念之情。白居易在《权摄昭应早秋书事寄元拾遗兼程李司录》中写道：

丹殿子司谏，赤县我徒劳。相去半日程，不得同游遨。昔做芸香侣，三载不暂离。建兹忽相失，旦夕梦魂思。

此诗淋漓尽致地展现了元稹和白居易的深厚友谊，他们虽然只认识了三年的时间，但这三年间从不曾分离，二人的感情却甚为浓烈，互为知己的他们，将彼此作为心中最重要的朋友，昔日共同遨游的场景还历历在目，如今两人分离，自然是怅然若失，朝思暮想。

虽然彼此万分挂念，但是他们心里也明白，君子之交虽淡如水，但不会随着距离而淡化，只要他们心中的江湖还在，便仍要相濡以沫，在大风大浪中乘舟向前。

元和四年四月，元稹正式被授左拾遗一职。此时的元稹，正是意气风发的时候。制科考试的喜悦之情仍然没有退去，反倒让他更加的自信。在他眼中，连朝廷丞相都赞同他的言论，说明他的想法还是有可取之处的。他也并不觉得左拾遗这样的职位官卑言微，凡是他职责范围内的事，他定当全力以赴，尽心竭力。

任职之后，另一扇门似乎已向他打开，那神坛上供奉的济民救世的理想越来越近，几乎触手可及，他大步向前走着，渴望走到那权力的中心，渴望一场血雨腥风，一扫天下不平之事。

其实，朝廷中的拾遗并不算是什么大官，所以其他几位拾遗都循规蹈矩，基本不与其他官员接触。而元稹则不然，他觉得既然自己身为言官，就必须为国家解决烦忧，所以他接连向唐宪宗上书，将朝廷里存在的那些尖锐的问题逐一列举，并附上了自己的建议。

他单纯地以为，这是为国家着想，替皇帝分忧，“拾遗”二字，本就是“补充”之意，既然他的职责就是为皇帝推荐人才、讽谏政事，那就应当在皇帝面前揭起那溃烂的伤疤，一吐为快。

有一次，他针对前后补阙拾遗不想被召见、不想参与政事、不履行职能的问题，将一篇名为《论谏职表》上书于皇上，建议他对官员实行大则廷杖，小则上封的制度。另外，他还上书皇上，要求严格挑选太子的老师。近些年来，在太子老师的选拔上都不够严格，致使太子以及其他王公贵族的教育都受到严重的影响，某些太子太傅，常常教完书后，还不知道作者是谁，如此滥竽充数的人，朝廷绝不能容忍。

元稹当时的所作所为，在朝廷掀起轩然大波，他自己觉得是尽职尽责，但是他忽略了一个严重的问题：他上书谈到的许多问题的根源，正是唐宪宗李纯刚实施的新政，这些新政措施，是李纯即位就开始着手研究的政策，而就在刚刚推出的时候，就被元稹批的体无完肤。

但是元稹心中却对此不以为然，他认为自己作为一名谏官，就应该针对朝廷所存在的问题直言相告，否则就是失职的表现。

作为唐宪宗来说，面对这样一个大胆、锐利的拾遗元稹，他内心颇为反感，他所提出的问题，大多都与自己的新政内容有关，而且有些问题分明就是针对皇帝本人的，但是，这些问题确存在，也不能因为直言敢谏就将元稹撤职严惩，所以唐宪宗虽心中不悦，也拿元稹没有办法。

不久，元稹又提出一项奏议，是在元和初期的时候，西川刘辟借韦皋身亡之机起兵，元稹上书批评皇上太过姑息藩镇，并建议高崇文带兵讨伐，以绝后患。而在讨伐问题上，元稹与当朝宰相杜佑产生了极大的分歧；其实，杜佑早就对元稹耿耿于怀，是因为元稹所上奏《论追制表》后，对杜佑儿子杜兼的授职产生了影响，所以杜佑一直想找机会报复元稹，而现在正是时候。

元稹就讨伐之事提出了一些建议，而这些建议对当时的战况其实大有裨益，但是杜佑故意将元稹的建议一一驳回，元稹当时丝毫没有退让，而是逐条讲解，据理力争，他觉得在国家危难之际，自己必须站出来出谋划策，所以他和杜佑之间爆发了一场激烈的争论。

杜佑已经在朝廷混迹了几十年，这样的事情他见多了，他利用自己在朝廷中的势力，将元稹的理论批驳得一文不值，但是元稹心中依然不服，还想到皇上那里讨个说法。但是他有所不知，在此之前，杜佑早就在皇上面前陈列元稹种种莫须有的罪名，说他目无君上，太过放肆，唐宪宗也早就厌烦了元稹，一直想给他贬职，但是找不到合适的借口，如今听到杜佑的话，虽然他嘴上没说，但是心里已经默许了杜佑的想法，伺机将元稹贬职。

有了皇上的默许，杜佑自然底气十足，他利用这次矛盾，向皇帝上书弹劾，说元稹目无王法，飞扬跋扈，延误战机，扰乱宫廷。不久，皇帝一纸公文，将左拾遗元稹贬职查办。

由此，元稹被无情地从权力中心放逐出来，他所苦心经营的治世理想，还未真正实行，就被谗言湮没。屈子曾悲歌：

“众人皆醉我独醒，众人皆浊我独清。”这一次，元稹终于领悟，出淤泥而不染的孤独是多么刻骨铭心，身为人臣，忠而被谤，信而见疑，这不是他一个人的悲哀，而他却注定要独自承担。

第三节

一晌贪欢犹忘异客

冥冥中，这场放逐早就被写定，自他踏上那飞龙在天的汉白玉阶梯时，每一步，都同富贵穷达息息相关。上前一步是锦衣玉食，退后一步是万丈深渊，他却坦然临渊而立，执意以退为进。

贬职之后的元稹，心情久久不能平静，他自以为看穿了官场的明争暗斗，只要不参与其中，便可以明哲保身，当日科举考试后意气风发，如今看来是多么单纯可笑，庙堂之上，树欲静而风不止，他的命运，原来这样容易便被别人收割。

虽被贬职，元稹依然想不明白自己错在哪里，他既没有以权谋私，也没有党同伐异，完全是按照工作的范围和职责进行的，当别的拾遗无所事事的时候，是他，思考着朝廷的问题和百姓的需求；当别的官员不问世事、花天酒地的时候，是他，敢于揭露这些伪君子狰狞的面孔。

就拿这次讨伐的事情来说，元稹认为自己所提出的建议都是正确可行的，就前方情况来看，他的策略大有利于战局，但他不知道为什么宰相杜佑一直与他作对，更不明白皇帝为何黑白不分。

任职期间，其实元稹早就看出杜佑是在有意难为自己，无论自己提出何种建议，杜佑总是提出质疑甚至反对，当时元稹只是怀疑他有不同的见解或者想为难自己。但是他万万没有想到，真正的原因是自己所上奏的《论追制表》影响了杜佑儿子的前程。

按照当时元稹的个性，他脑子里除了为国家前途出谋划策外，并没有那么多人情世故，他细致考虑过，他所上奏的《论追制表》，会影响到一大批的朝廷官员以及相关亲戚的前途命运。可是，这个盘根交错的毒瘤不除，便是朝廷永远的隐患，元稹要制止的，就是这种官官相护、以权谋私的现象。

元稹之所以这样刚正不阿，除了自己的信念理想之外，他心中一直藏着很多为官典范，如前面提到的柳宗元、刘禹锡等人，还有他的舅族亲戚吴凑，当时他为了禁止城中的黑恶势力祸害百姓，不惜顶着杀死全家的威胁上书朝廷，还有他的祖先元岩善用上书之方法，为百姓解决了很多困难。这些人，虽然一生颠沛流离，却始终勿忘初心。正应了先哲那句话：君子无终食之间违仁，造次必于是，颠沛必于是。

被朝廷贬职的悲剧，虽然给元稹的内心以巨大的打击，但他的忠诚与理想一直不曾改变，他此刻之所以如此苦闷，不是因为自己被贬，而是觉得自己的力量太过微弱，不能改变这混沌的现实，此时，他应该奋不顾身地继续以卵击石，还是像大多数读书人那样，隐居山林，笑看世事呢？

他在自己的《春游梦七十韵》中的描写，充分说明了元稹当时的心情。

杵城人所贼，性亦天之付。乍可沉为香，不能浮作瓠。诚为坚所守，未为明所推。

从诗中可以看出，元稹对于朝廷的处理颇有怨言，他将自己的忠心与能力全部奉献给了朝廷，他对唐宪宗还抱有希望，认为明君贤臣戮力同心，定能使唐王朝重回巅峰。

但是他似乎忘了李纯是如何坐上皇帝宝座的，如果他是个英主的话，又怎会带领宦官去逼宫夺位呢，这一幕，正是元稹当朝任职的时候发生的，而且他和白居易就是为此才辞去校书郎一职的。可是当元稹重新回到朝廷的时候，离皇帝越近，他就越相信，他可以改变这一切。

其实前两次上书的时候，他对唐宪宗还是有所质疑的，当时他刚刚登基不久，元稹不知道他执政的态度和能力，所以先上书提出了几个存在的问题，没想到皇上没有否决自己的建议，在某些方面，还采纳了自己的建议。从此，元稹认为这个唐宪宗并非是想象中的庸君，所以之后才接连向皇上上书，汇报事宜的。

耿直如元稹，只知其一不知其二，他只知道入仕为官最重要的就是报效国家，而他忘记了，朝廷还是一张蜘蛛网，官场之上，每个人都有千丝万缕的关系，牵一发而动全身。稍不留神，就会官职难保，甚至会牵连全家。

致使元稹贬职的杜佑，当时权倾朝野，目中无人，身为丞相的他，四处结党营私，收受贿赂，当初太子李纯准备篡权时，杜佑便参与其中，他里应外合，促使李纯逼死其父，成功登基，也算是李纯麾下的“功臣”。

登基之后，李纯自然对杜佑关爱有加，不仅让其继续做丞相，还特别倚重他，朝廷上下的很多事，他都会与杜佑商量，杜佑一句话，就决定了朝廷的许多政策。

得宠之后，杜佑在朝中的势力更加庞大，背靠皇上这棵大树，他的行为更加猖獗，他将自己管辖范围内的要职，纷纷换为自己的党羽，此外，他还卖官鬻爵，兼并土地，收取了大量钱财。

不仅是杜佑，就连他的众多党羽在朝廷内部也十分嚣张，他们借助杜佑的势力，公然收受贿赂，替人办事。对于那些政见不同的官员，他们则采取打压、调任、威胁等方式，逼迫官员服从其淫威。

杜佑之所以能猜到皇帝的心思，之所以敢如此放肆，是因为他了解当时皇上的处境。唐宪宗是杀父篡权，登基之后，无论是朝廷还是民间，都对他颇为反感，一直有大量的官员、百姓对他怀有质疑的态度，这让李纯在执政中增加了很多困难。

此时，杜佑挺身而出，他告诉皇上，说自己有良策可以平息这些风波，整日担心自己皇位不保的李纯自然是非常愿意，便给予了杜佑一人之下、万人之上的权力。而杜佑所谓的“良策”，就是党同伐异，排挤他人，在他的恐吓之下，人人自危，自然不敢再对皇帝有所抱怨。

事后，唐宪宗对他非常感激，认为他不仅有能力，且忠心非常，所以此后不管大事小情，皇上都会和杜佑商量，在皇上面前得宠，这犹如让杜佑获得了一道“护身符”，他可以更加在朝中肆无忌惮了。

虽然杜佑已经位高权重，但是他最想做的，还是让自己的儿子也入朝为官，以便将来接替自己的位置，虽然他很早就有这个想法，但是此前他都觉得时机不成熟，害怕招来朝中的祸害和妒忌，所以一直没有付诸行动。

得宠之后，他觉得时机已经到了，便开始为儿子入朝的事情准备，由于他不能在朝廷当中直接举荐自己的儿子，所以就拜托其他大人予以举荐，那些日子，杜佑四处拉拢官员，尤其是负责科举和举荐的官员，他更需要疏通好，以免之后出现什么纰漏。

正当杜佑快要把事情促成的时候，元稹一封《论追制表》交到了皇上的手中。而《论追制表》的大概内容，就是要取消朝廷大员的特权垄断，在对待官员后代的政策上，也不再像往日那样采取优待、包容的政策，元稹更直接指出，朝中官员到一定年龄必须致仕回乡，其子嗣也须和天下读书人一样，通过严格的科举考试方能被授予官职。

半路上杀出的元稹，让杜佑心中慌了阵脚，此前，他对这个无名小卒从未放在心上，没想到一个刚任职不久的左拾遗，就敢直接上书给皇上，而且还提出如此敏感、尖锐的事情。

起初杜佑以为皇上是不会答应的，因为这是朝廷一直以来的“潜规则”，而且皇上也深知朝廷的内部关系，如果他打破了这种关系，会引起各位大臣们的怀疑和骚动，所以杜佑没有把这件事放在心上，依然为儿子的仕途前后忙碌着。

而皇上的心思恰恰和杜佑相反，他深知自己是如何坐上皇帝这把交椅的，那些老臣、旧臣虽对他忠心，但对他的那些不为人知的底细也知道过多，如此一来，他便觉得他人有把柄在手，自己反而不能好好施政，如果能用温和的办法使他们去职，既免了一场动荡，又了了自己的心事，岂不两全其美。

这时，元稹的奏文上来，正好与自己的想法不谋而合。所以，皇帝很快便采纳了元稹的建议。

杜佑看到皇上允许了此奏章，便知道自己之前苦苦编织的人际网全部付之东流，自己本想让儿子入朝为官，这样即便自己退休，朝中依然有杜家的势力，但是现在一切都化为泡影。他没想到，这个无名小卒元稹，竟敢公然与他作对，勃然大怒之后，他便要伺机除掉元稹。

战争爆发后，杜佑跟随皇上指挥战争，在军中，杜佑看到了让他深恶痛绝的元稹，令他没有想到的是，皇上居然很相信他，多次准了他的奏章。

一次，皇上和杜佑谈事时，聊起了元稹，杜佑以为皇上非常器重他，便不敢多言，谁知皇上对他也有许多抱怨，只是没有办法，后来杜佑请命替皇上处置元稹，皇上虽然没有说话，但还是默认了。

此后，杜佑便开始对元稹进行报复，对于元稹的提议，杜佑逐个进行反驳，并批评元稹想事不够周到，只想其一不想其二。还以“陆有催车舟有澜”相威胁，但是元稹毅然坚持己见，不予妥协。元稹的固执令杜佑头疼不已，但是他还是想尽一切办法，最终将元稹贬职到河南。

杜佑虽然出了心中这口恶气，但是依然无法让自己儿子入朝为官，他没想到自己长久的努力败在一个小小的左拾遗面前。儿子不能入朝，也就证明自己可能不得善终，因为他心里明白，自己的所作所为，已经招来很多人的忌恨，退休之后，没有权力的庇佑，就会引祸上身，万劫不复。

而此时的元稹，丝毫没有为自己的贬职而感到后悔，夜深人静的时候，元稹独自仰望着天空，他想起自己的列祖列宗，他们一定在天上看着自己的所作所为，并为自己感到骄傲，“乍可沉为香，不能浮作瓠”，他纵使燃尽了自己，也要为百姓添得最后一点余香。

第五章

情爱离殇

第一节
再贬洛阳前路渺茫

年轻的火焰或许可以重新燃起对未来的渴望，将周身的冷嘲热讽、鄙夷白眼统统烧光。只是此刻，他不得不匆匆向长安告别，这场告别不认真，也不体面。他知晓，这颗巨大的齿轮，不会因为他的离开而停止转动，疲惫的马蹄，踩碎了他的倒影，他仍要固执地从远方到远方。

贬职之后的元稹，并没有考虑到自己和家人的安危，他终日寡言少语，闷闷不乐。对于皇帝，他甚至没有多少怨言，他始终认为，皇上是一时糊涂才贬了自己的官，将来他还会让自己回来的。

按照唐朝的制度，如果官员被贬职，就等同于犯罪遣送。遭到贬职的官员，必须在第一时间到指定地点上任，所以元稹接到通报后来不及去告诉已经重病在床的母亲，还有妻子韦丛与年幼的女儿，便匆匆启程赶赴河南。

虽然是去河南做官，但是元稹是被贬职而去的，不会像朝廷委派上任那样高调和舒适，在前往河南的途中，没有风光的马车轿子，只有一匹年迈的瘦马，几个随从相伴。这表面上是新官上任，实际上和押送犯人没有什么区别。

正当元稹为遥遥路途而感到孤独时，路上却碰见了同为“新官上任”的官员。元稹走上前去一看究竟，却发现竟是“旧相识”。此人名叫裴度，是朝廷中的一个小官吏，要说起来，他与元稹还有一些渊源。

当初元稹之所以与当朝宰相杜佑结下了恩怨，还有一个原因，就是元稹在一份上奏皇上的文章中，揭发了这个裴度的罪行，而此人正是杜佑的手下，他所犯下的错误，都是受杜佑指派而做的，皇帝查明此案，便将这个替罪羊裴度也一并贬职到河南了。

所谓冤家路窄，两人见面之后，裴度冷冰冰地盯着元稹，露出一种憎恨的目光，而元稹仍然是一身正气，他面对着裴度，露出欣慰的表情，长期闷闷不乐的心情，竟有了些许快意。

由于两人都是去河南功曹上任，加上路程遥远，所以两支上任的队伍合二为一。起初，两人只是各走各的路，彼此揣度着对方的心思，并不理睬对方。时间长了，沿途的风光也看腻了，元稹和裴度也慢慢开始聊起来，同是天涯沦落人，相逢何必曾相识，两人聊着聊着，元稹对于裴度的那种反感越来越少，他明白他昔日的所作所为，也是被逼无奈；而裴度，知道自己罪有应得，也敬重元稹这样的正人君子。不久，两人便冰释前嫌，化敌为友了。

他们一路上聊得最多的，还是朝廷里的那些事，裴度虽然只是一个小官吏，但是因为他常年跟着丞相杜佑办事，所以他对朝廷的事情，比元稹了解得深。元稹曾十分骄傲地告诉裴度，他毕生的志向就是为祖国效力，此次皇上虽贬他去河南，但他矢志不渝，仍要在河南大干一场。

裴度在杜佑身边待了这么多年，自然知道朝廷中的人和事，而面对眼前这个元稹，只能认为他是初出茅庐的小书生，根本不懂朝廷的规矩。

其实裴度对元稹早就认识，当时他上呈《论追制表》之时，杜佑就派他调查过元稹，对于元稹的家世，还有为人秉性，裴度都十分了解，所以此次两人同行，裴度也想看看元稹到底是何许人也。

裴度在杜佑手下混迹多年，在为人处事方面，自然十分老道。路上随行的小卒虽然只是侍奉他的奴仆，但是裴度对他们都很客气，上任之前，裴度准备了很多小玩意，还有一些散碎银两，路上休息时，就打点给那些小卒。小卒们受了这些小恩小惠，对他和元稹的态度自然是不一样的。

一旁看着的元稹，兜里除了自己必用的东西之外，什么都没有，也没有闲钱打点这些小卒，所以十分尴尬。但是他在心里默默安慰自己，觉得无需这样，自己是去上任的，这本来就是他们的工作，为什么要去讨好他们？

裴度安排好那些小卒之后，从口袋里拿出一包吃的，坐到了元稹的旁边，主动找元稹说话。刚开始，元稹都是客气并拒绝着，可看到裴度如此诚恳，元稹实在无法拒绝，所以便收下了。

而他心里明白，自己一旦收下裴度的东西，就证明也接受了裴度这个人。所以二人便开始聊起天来，裴度与元稹聊天的时候，并没有与其他人那般客气，反倒特别实在，一切都是直来直去。

他告诉元稹，自己原来是杜佑的手下，对元稹的事情了解一些，非常理解和赞同元稹的想法，也十分佩服他的为人。其实自己本来也是一个读书人，但是没考中科举，因为家境困难，不得不出来赚钱，后来被丞相杜佑看中，就去他府上当差。再后来杜佑需要在朝中培植自己的势力，就安排自己做了官。他告诉元稹，自己很尊敬像他这样的读书人，如果自己的家境好一点的话，他也不会去替杜佑做事，所以他对元稹没有敌意，而且还很想与他做朋友。

元稹听了他的话，原先那种藐视也逐渐淡化，他从裴度的话语中，看出他人生的失落与无奈，人在官场，许多事是身不由己的。自己当初只相信眼前所见的恶，倒是忽略了一些不为人知的善。

元稹渐渐开始与裴度敞开心扉，裴度把自己读书的经历都告诉了元稹，他虽然没有元稹那么好的天赋和能力，但是也博览群书，写过很多诗歌。但是他与元稹不同的是，裴度脑筋非常灵活，看的书非常杂，所做诗文也是风格不一。

他告诉元稹，当初杜佑看上他，是因为他的老实和忠诚，进府之后，杜佑要自己做他的随从。杜佑去到哪里，自己就跟到哪里。那时，杜佑所见的人，除了朝廷官员之外，还有各个地方的地主恶霸，其中不乏一些心怀谋逆之心的人。

杜佑曾私下告诉他，朝廷是一个极其复杂的地方，如果只有一颗赤子之心，是不能在朝廷里生存的，那些想造反的人，可以表面上与他们为伍，但是要搞清楚他们真正的心思，这样才能在关键时刻保护自己，以防受到牵连。从那之后，他就学会了处世之道，既然知道自己有多少分量，就要做多少分量的事情。

这些话让元稹陷入了深深的思考，他虽然也是读书人，并取得一些了成绩，但要论其为人处事，还真不如裴度做得好。这几年以来，自己一直都想在朝廷里有所作为，但从来没有摸清朝廷那盘根交错的根节。

沿着思路顺藤摸瓜，他想起了以前的很多事，当柳宗元、刘禹锡被流放之后，自己和白居易心中只有气愤，只有对朝廷的反感，却从来不知道考虑这些事情存在的背景和缘由。

元稹一边想着，一边和裴度赶路。他看着身旁的裴度，虽然两人年龄相差不大，但是与自己相比，裴度却成熟得多，他知道如何照顾其他人的感受，如何将各方面关系协调好，在人事纷争中进退自如，而自己，却只知道一味做自己想做的事，而不是能做的事。

有了裴度的启发，元稹更加想了解朝廷里的事情，把他以前所忽略的那些事情通通补上。所以元稹一路上都在和裴度讨论朝廷上下和为官之道。裴度告诉元稹，其实自己以前也不知道朝廷是什么样的，但是跟着杜佑见过很多官员之后，他渐渐意识到，这和自己以前所想象的朝廷完全不一样。

真正的朝廷，其实是一个你方唱罢我登场的舞台，每一个官员，都有自己所在的利益集团，他依靠下面的人帮他巩固权力，下面的人依靠他向上发展，如此互相依附，便形成了不同的党派，而哪个利益集团占得优势，谁的位置就会更加稳固，这就是所谓的政治斗争。

随着两人越来越熟悉，聊天的话题也越发的深入起来，一直以来，元稹心里对朝廷都存有各种疑惑和问题，尤其是大臣与皇上之间的那些事情。有了裴度在身边，他正好可以问个究竟。

在元稹的眼中，皇帝虽贵为天子，但太宗有言“水可载舟，亦可覆舟”，可见君轻民重之道不可不重视，做臣子的，自然要忠于君王，所以，宪宗即便有再多不是，他也要辅佐圣君，以报其知遇之恩。

裴度听完之后，不禁又笑出声来，他让元稹好好想想，这个皇帝能和那些圣君相比吗？史上哪个圣君是逼父皇禅位的。从那一刻，他就应该知道，这个皇上一定不是一个圣君。李纯最想做的，不是治理国家，而是要坐到皇上这个位置上，拥有掌握天下的权力，拥有了权力之后，他就可以坐拥天下，享受无尽的荣华富贵了。

元稹若有所思，大家对李纯的看法竟如此一致，朝廷命官尚且如此，可见庶民百姓更是怨声载道了。原来杜佑一手炮制的安宁太平之下，这样的不满和愤恨仍在无声无息地发酵着，他竟有些怀疑自己的昔日所为，是否是与豺狼为伍、助纣为虐呢？

裴度还告诉元稹，身为一国之君，最重要的就是明白是非，皇帝也知道要好好治理国家，巩固统治基础，但是不同的皇上有着不同的思想和方略，那些所谓的圣君之所以伟大，是因为他们懂得兼听者明的道理，而那些所谓的昏君，多是被奸臣所误，许多昏君恐怕至死都还以为自己是明君呢。

其实裴度之所以告诉元稹这些，除了欣赏元稹的才华之外，还为了回报元稹当年的帮助。当初元稹任后拾遗的时候，正赶上裴度、李正辞等人在宫里搞“劾权幸”的斗争，元稹知道之后，上书支持了裴度所在的阵营，如果没有后来的弹劾之事，裴度早就想结交元稹其人。

聊到这里，元稹告诉裴度，咱们之所以闹到如此下场，就是因为考虑的不周到，为官者，重在居安思危，这不仅指的是治理国家，同时也是为官之道。他反思自己当初不应该那么频繁地上书皇上，不仅让皇帝厌烦，而且也没有考虑到这些奏章能否真正落到实处。

裴度这番肺腑之言，元稹从未想到，也没有人如此透彻地告诉他，他们从狭路相逢的政治对手变成互相倾慕的莫逆之交，倒是要感谢这命运的作弄，那一纸诏令，不仅没有压碎他的意志，反而让他认识了裴度，看见了一个更为广阔的未来。

第二节
贬谪途中至亲离殇

在遗憾成为遗憾之前，所有的幻想和担忧都未能幸免。纵使他以潇洒的姿态迎接这场贬谪，纵使沿路的风情可将烦闷一笔勾销，只是距伤心之地愈来愈远，心底的愁思却与日俱增。长安，长安，放不下的亲人都在那里，每每想到此，他温润的面颊便会浮现一丝阴郁。

元稹与裴度两队人马按照规定的行程奔赴河南曹功，虽然沿途风光无限，路上又有裴度陪伴和照顾，但元稹心中最牵挂的还是家里的亲人。早在元稹担任左拾遗的时候，母亲郑氏就身患重病，卧床不起。那时元稹公务繁忙，无法经常回家探望，所以一直由妻子韦丛在床前照料。

元稹被贬职以后，按照唐朝律法，要直接去目的地上任，没有时间再去与亲人告别。所以元稹并没有回家，也不知道母亲现在怎么样了。自父亲去世之后，元稹和母亲便从来没有分开过，即便是他入朝为官，也将母亲接到身边来住，而且平日无论多忙，他都会抽时间回家看望母亲。

郑氏自从回到长安，疲惫的脸上才开始浮现出笑容，尤其是元稹考上拾遗之后，母亲的心事就少了很多，平日里有韦丛照顾元稹，也不需要她操心，所以原本劳累的心，逐渐踏实起来，小孙女的诞生，更是给她平添了许多快乐。

然而，心事虽然放下了，但是郑氏的身体却大不如以前，她由于常年劳累，加上带着两个孩子东奔西跑，所以积劳成疾症，从前家里困顿时，郑氏虽然也会感到不适，但是没有办法，为了自己的家庭，她一直硬撑着，也就没有太过在意。

在长安稳定之后，元稹、元积都在外工作，家里只有她和韦丛，韦丛知道郑氏的不容易，所以一直都很细心地照顾郑氏，从来没有怨言。

元稹当上左拾遗之后，郑氏的身体突然恶化，几场大病折腾之后，她便长期卧床不起，日薄西山，病榻上的郑氏，心里依然牵挂着儿子，她时常问韦丛元稹的情况，韦丛也是报喜不报忧，说元稹在朝廷一切都好，不用担心。

此次元稹被贬职的事情，韦丛知道后，并没有告诉郑氏，每当郑氏问起时，韦丛就说元稹去外地办差，过些时日才能回来。

没想到，郑氏的身体却一天不如一天，韦丛心里万分着急，她知道元稹身不由己，不能擅自回家。而母亲现在又危在旦夕，日夜盼望着元稹回来，情急之下，她只好先编凑了一个理由，搪塞过去。

元和二年夏天，元稹的母亲郑氏因病重去世，直到老人离开的最后一刻，也没有盼到儿子元稹归来。韦丛了解唐朝的律法，像元稹这种情况，只有亲人去世之后，才能回家守丧，所以在郑氏病危的时候，韦丛便安排好了人，等到郑氏去世之后，立即去给元稹报信。

九月十六日，元稹和裴度在赶路时，忽然看见家里的仆人快马来报，元稹立刻有一种不祥的预感，因为来的人是他府中亲信，如果不是非常重要的事情，韦丛是不会派他来的。

送信人看到元稹之后，停下马来，慌慌张张地下马，不小心还摔了一跤，他站起身来，踉跄着跑到元稹的身边，扑通跪下，哭着告诉了他郑氏去世的消息。

元稹虽然早就知道母亲病重，心里也早就已经有了准备，但是当他真正听到这个噩耗的时候，依然无法接受，顿时瘫倒在地，众人连忙上前将他搀起，但此时的元稹，面如死灰，仿佛瞬间苍老了数十岁。

悲痛之余，元稹委托裴度向皇帝上书说明情况，自己和家丁则快马加鞭赶回家奔丧。马匹一路向西，元稹浑身上下都毫无知觉，周边的风景从他眼前略过，也无心去看。脑海里，母亲的样子时隐时现，反复刺痛着他的心，要知道，自父亲死后，母亲便是他最重要的亲人，现在自己事业受到了打击，母亲又因病去世，对于元稹来说，心里满是痛苦与内疚。

回到长安之后，家里已经布置好了灵堂，家中各处都挂满了白布，哥哥元积身着丧服，跪在门前，元稹进门之后直奔灵堂，在母亲的灵堂中，他跪倒在地，号啕大哭。这是元稹人生中第一次这样撕心裂肺地痛哭，似乎要把多年以来内心的委屈和愤怒通通都哭了出来。

他想起父亲死后，母亲带着自己和哥哥的那种困难窘境，为了养他们两个人，她把仅有的值钱东西几乎都卖了，只留了几件首饰，那还是准备给自己请先生。为了让自己和哥哥生活得好一点，她不远千里，带着兄弟俩去姨母家，过着寄人篱下的生活，当他考上科举中第，母亲高兴得合不拢嘴，那是她一生最为开心的时候，也是她一生最骄傲的时刻。

而如今，自己虽然考取了功名，但是陪伴母亲的时间却越来越少，而世间最痛苦的事情之一，就是“子欲养而亲不待”，而他的痛苦，还包含着未能见母亲最后一面的悔恨与遗憾。

的确，这些年来，元稹母子经历了太多悲欢离合，忍受了太多的委屈和痛苦，他以为自己一定会给母亲筑造一个幸福的晚年，可惜，一向坚强的母亲却没有等到那一天。

元稹跪在灵堂里，久久不愿意起身，他屏退了左右，想和母亲单独待一会。自从科举中第，元稹就一直在朝廷里忙活着，即便是辞去校书郎的时候，他也没有在家陪陪母亲，后来官拜左拾遗一直到现在，他都在为他的“庙堂理想”忙碌着，而忽略了这个最需要安慰的女人。

他独自一人默默垂泪，等他稍稍平息之后，便枯坐在灵堂中间，看着母亲的牌位，嘴里在低声说着什么。一直以来，元稹心中有很多话想对母亲说，包括他在外面受到的委屈和排挤，包括他所遭受的流言与非议，他多次想找母亲倾诉，可是看到母亲年事已高，不忍让她担心，所以都憋在心里。

此时，母亲已经离他而去，即便对着一个空荡荡的牌位，他也有千言万语要说，他独自呢喃着，胸前的衣衫已是干了又湿，当眼泪无法寄托哀思时，他便用手紧紧捂住自己的眼睛，痛苦地拱起身子。

元稹一向是个要强的男人，即使是妻子韦丛，也从来没有见他这样悲痛欲绝。所以，她一直在灵堂外面守候着元稹，元稹在里面待了多久，韦丛就在外面站了多久。

根据风俗，父母去世之后，儿女深夜要守灵，所以元稹彻夜守在母亲身边，前来悼念的人已经陆续离开，偌大的灵堂内，只有元稹跪在里面，韦丛轻轻走进来，跪在了元稹的旁边。

元稹转头看着妻子，他发现韦丛苍老了许多，脸上已经开始有浅浅的皱纹了，他心中一阵隐痛，她还不到三十岁啊，却已经这般憔悴，他紧紧抓住韦丛的手，脸上流下两行热泪，其中既包含对妻子的心疼，也包含着自己的内疚。

韦丛给元稹端来一碗饭菜，元稹本没有心思吃饭，看着妻子操劳的模样，也不想再让她为自己担忧，他静静吃着，韦丛默默看着，四目相对，心里有很多话，但都无从说起。

韦丛在灵堂陪了元稹一夜，第二天早上，从远方赶来的亲友都来家里吊丧，在众多前来吊丧的人中，还有元稹的知己白居易，此时，他也在外地当差，得知郑氏去世的消息，马上星夜兼程，直奔元稹府上。

看到面容憔悴的元稹，白居易有些惊讶，以往神采奕奕的他，如今竟这样憔悴，其实元稹贬职的事情，白居易早有耳闻，而且他明白以元稹耿直的性格，一定会遭人暗算，但他二人分别时就已下定决心，不管前路多险恶，也要固执地走下去。如今，看见朋友遭受到如此打击，白居易也担心他会一蹶不振。

叩拜过郑氏之后，元稹带着白居易到后厅休息，把两人分离后所发生的事都告诉了白居易，其中有白居易事先想到的，也有出乎他意料的。言谈之中，元稹还是流露出了很多失落悲观的情绪。

作为元稹的好友，白居易自然是深表同情，他尽力安抚元稹受伤的情绪，并且和他说了自己的真心话。自从与元稹分别后，他也遇到了很多麻烦，但是他比元稹更懂得变通，他在很多问题上懂得换位思考，虽然也经历了一些风浪，但没有像元稹这样遭受到如此大的挫折。

白居易告诉元稹，他们现在都已经不再是昔日意气风发的年轻人，要用成熟的思维去看待问题，母亲去世后，他就是一家之主，如何照顾全家妻儿、安顿上下是目前亟待解决的问题。

元稹听取了老友的建议，他知道白居易的文采非凡，所以请他帮自己的母亲撰写墓志铭。白居易和元稹是多年的好友，他知道郑氏为了抚养元稹、元积兄弟二人是多么的不易，所以当即答应了他的请求。在整篇《唐河南元府君夫人荥阳郑氏墓志铭》中，对郑氏有着极高的评价，他在文中写道：

昔漆室缇萦之徒，烈女也！及为妇则不闻。伯宗梁鸿之妻，哲妇也！及为母则无闻。文伯孟氏之亲，贤母也！为女为妇时亦无闻。

其实，哲妇也好，贤母也罢，逝去的终究已经逝去，他心中的憾恨也永远无法用碑文弥补。按照律令，他要在家中丁忧三年。这三年，他将收起眼泪，抚平悲伤，是缓慢的时光沉淀出一个更加成熟、更加睿智的青年元稹。

第三节

梦里寻觅若有来生

这是元稹第一次感受到时光温柔的剧痛，逝去的日子在他心中逐渐形成一个晶核，那个晶核里，有母亲的责骂与哭泣，有日落黄昏下她弯曲的背影，更多的是一种感觉，那是母亲手心落在自己肩上的温热……那个晶核在尖锐地生长，使他回首往事时，总是伴随着钻心的疼痛。

元稹守在母亲的灵前，一刻都不愿离开，此时的他，就像回到孩童时期一样，在外面玩累了，就想躺在妈妈的怀里撒娇，直到睡去。

这几年，元稹一直在为事业忙碌着，他把全部的精力都放在了朝廷和黎民百姓身上，那仿佛就是他生命的全部。在他为改善民生疾苦而不断向皇帝谏言时，他似乎早已将个人家庭置之度外，早已忘了自己母亲和别人一样，需要儿子的赡养和关怀，他走得太快太赶，失去的也注定太多太多……

夜已阑珊，他还在向母亲讲着自己的愧疚与后悔，他忍不住流下了眼泪，他所有的努力，都是为了出人头地，让家人过上好日子，他太清楚当初母亲带着他们兄弟两个过的是什么日子，亦不想让母亲在为自己操心，每每想到当年母亲典当衣物，就是为了给自己请个好先生，他都难以自持，失声痛哭。

他替母亲感到委屈，她年轻时丧夫，寄人篱下，含辛茹苦哺育两个幼子，一天舒心日子都没有过上，眼看自己的两个儿子都长大成人，成家立业，本来是安享晚年的时候，自己却又累倒了。

每每想到这些，他都痛恨命运对这个女人太过无情，然而他更痛恨自己，恨自己在宦海之中迷失了方向，才会被贬河南，连母亲最后一面都没有看上。其实，在朝廷任职期间，韦丛曾经多次要他找些时间陪陪母亲，他都含糊着答应，却始终没有做到。

站在元府的阶梯上，看着当年母亲辛勤收拾的院落和屋子，元稹胸中涌起阵阵痛感，母亲的一针一线他还穿在身上，母亲亲手种下的梨树已经结出累累硕果，当年嬉戏玩耍的地方还留着母亲责骂的回响，但是，斯人已逝，整个院落都显得寂寞而空洞，他久久伫立在那里，眼睛又微微红了……

来不及收拾好悲伤的情绪，眼前他们兄弟俩有更重要的事要去处理，按律令，他和元积要在家丁忧三年，赋闲在家，这就代表着他们的经济来源被全部切断了。元稹和兄弟都是刚刚谋得差事，俸禄本就微薄，丧葬之事本就花销巨大，他和元积又拖家带口，这么多人要靠他们兄弟俩养活，实在是个难题。

妻子韦丛看出了丈夫的忧虑，她告诉元稹，自己这些年来省吃俭用，攒下了一些积蓄，还有父亲韦夏卿也会帮助他们，所以让元稹不要有那么大的压力，也正好借这个机会，好好在家休息一下。

可是要强的元稹却不这样想，他把所有的责任都归到了自己身上，他觉得是自己没有本事，才让家人过得如此困难，岳父韦夏卿平日已经在接济他们，他也不想再依靠岳父，让人耻笑。所以那些日子，元稹总是闷闷不乐，时常把自己闷在屋子里，韦丛虽然经常开解他，但依然没什么效果。

元稹虽怨恨自己，但生活还是要面对。他们兄弟几个把各自的积蓄都拿了出来，以贴补家里的生活，韦丛背着元稹，拿来父亲韦夏卿给的钱，也用来渡过难关。虽然大家东拼西凑的聚集了一些钱，可以暂时渡过难关，但是还要精打细算，才能度过这几年的时间。

平时大家都忙，元稹几个同胞兄弟都在外任职，不常相聚，如今都守丧在家，兄弟几个便有机会促膝长谈。其他兄弟虽然没有元稹的才华和天赋，官职也没有元稹高，但和元稹比起来，他们都成熟内敛很多，没有元稹那么张扬，都是在自己的职位上循规蹈矩，安分守己，过着稳定而平淡的生活。

元稹虽然和他们是同胞兄弟，但是在很多问题上，彼此都有不同的想法，他兄弟理解不了他的理想和抱负，他也不能忍受他们的平淡和庸碌，所以元稹还是愿意和白居易这样的知己在一起。

元稹守丧在家时，白居易经常去元府探望，他知道元稹的生活比较困难，所以每次都拿出自己一部分的俸禄来周济元稹一家。其实，白居易知道，自己对元稹在物质上的帮助是有限的，他只是期望自己的只言片语能够给元稹带来些许安慰，使他的心情能慢慢恢复。

对于白居易的帮助，元稹始终是感恩在心，他知道两人之间的感情不需要用言语来感谢，但是白居易所做的一切，元稹都记在心里。以至于后来元稹在《祭翰林白学士太夫人文》中深情写道：

太夫人济壑之念，悯绝浆之迟。问讯残疾，告谕礼仪。减旨甘之直，续盐酪之资。寒温必服，药饵必时。虽白日屡化而深仁不衰。

由此可见，元稹和白居易之间可算是莫逆之交，他们的友谊是建立在的共同爱好、共同志向的基础上，在元稹困顿的时候，是白居易不离不弃，相伴相随，这一份情谊，元稹自然是记在心里的。

白居易时常劝说元稹，要他把心放开，朝廷之事，非一人可以左右得了的，况且他们都是刚刚入朝的小官，根本没有什么权力，即便有再大的志向，可是自己官微言轻，还是无法改变现状，所以还是要做好现在的工作，等待今后的机会。

元稹看到了白居易的变化，但是这种变化并不代表着白居易已经变得世故和庸俗了，而恰恰证明白居易更加成熟了。他的话和裴度的劝告如出一辙，看来自己是要重新度量自己的所作所为了。想想自己的贬职，其实就是因为太过于鲁莽，没有充分考虑到事情的前因后果便意气用事，做出这样令亲者恨仇者快的事。

那时，元稹一边在家为母守丧，一边反思着自己的过往，原本以为自己可以大展宏图，可是因为自己太过鲁莽急躁，反而痛失好局，而且最让他痛心的是，为了自己所谓的前途，他连母亲的最后一面都没有看到，因此，心中油然而生一股挫败感。

走在元府的花园中，元稹感到空前的安静，四周的花草在风中摇曳，仿佛每一棵都在向元稹诉说着什么，元稹望着这些花草，心中又一阵悲凉。他知道，这些花草是母亲生前最喜欢的，她身体好的时候，最喜欢在院子里收拾花草。即使她抱病在床，也叮嘱别人要好好培育这些花草。

母亲曾经说过，花草代表着希望，代表着生机，只要花草还活着，就会有开放的一天。在那些艰苦的岁月里，母亲唯一的爱好就是养一些花草，自己无数次看到，当母亲心情低落的时候，常常独自坐在花草旁，有时低声喃语，有时暗自流泪，花草仿佛就是她的知己一般。

母亲生病之后，这些花草就由妻子韦丛接管打理，她对待花草之心，与母亲极为相似。那时，韦丛常常在病榻前，与她聊起养殖花草的闲事，她们都认为，一花一草皆有灵性，它们吸收雨露阳光，也忍受风吹雨打，和人的命运多么相似，只是，花草比人纯净，它们盛开或者凋零，都顺从自然，毫无怨言，花开花落之间的奥秘，又岂是一语可以道尽。

霜露落到盛开的花朵上，缓缓地顺着叶脉流下，此场景虽然时常出现，元稹从前却不以为然，但此时，他觉得她分外美丽，由于他长期把心思放在事业上，似乎忘记了诗人应有的观察生活、体味细节的本能。那一刻，他突然发现，自己已经错过了太多生活的美好，那些事业上的烦恼，与这些相比，简直是不值一提。

冥冥中，元稹觉得，母亲的去世也许是一种召唤，召唤他回归生活、回归诗意。那日午后，元稹便拿起许久不用的毛笔，对着满目曼妙的花草，写下了一句灵光乍现的诗句。

那时，除了白居易以外，他的好友李绅也常到府上。几人在谈论时事之余，常常切磋诗歌文学，尤其是对新乐府诗，几人产生了浓厚的兴趣。

新乐府诗是元稹和白居易在原先乐府诗的基础上改良演变而来的，乐府，原是汉朝设立的收集民间歌谣的政府机构，后来逐渐演化为一种通俗的诗歌体裁，乐府诗与民歌十分相似，内容多是男女之情或者思乡之意，文字通俗易懂，谱曲之后便可歌唱，可以说，是一种流传在民间的通俗文学。

但是，正是因为乐府的通俗浅显，使得许多正统文人不愿写乐府诗，而元稹、白居易等人所创作的新乐府诗，打破了旧乐府诗的内容局限，将一些时事、见闻，甚至政见融入其中，这些有着强烈政治倾向的乐府诗很快便在民间流行起来。

三人对新乐府诗的创作理论也有了大胆的革新，白居易在几番研究与创作之后，提出了“篇无定句，句无定字，系于意不系于文”的经典理论，他将乐府诗原本固定的模式打破，使创作有了更大的空间，作者可以通过不同的角度和语言进行创作，使乐府诗有了更广阔的作用。

此外，三人对原先的乐府诗的语言也加以革新，他们提出：“其辞质而径，欲见之者易欲也；其言直而切，欲闻之者深诫也；其事核而实，使采之者传信也；其言顺而肆，可以播于乐章歌曲也。”

由此可看出，元稹、白居易等人对新乐府诗有着极其深刻的研究与变革，他们对语言的表达、含义、作用以及旋律都进行了改变。这并不是他们的贸然之举，而是在结合诗歌发展与创作的基础上演变而来的。

为了配合自己的理论，三人都创作出了大量的新乐府诗，李绅在创作了《乐府新题二十首》之后，白居易经过长期积累，也创作出了《新乐府》，其中包含了新乐府诗五十首，成为史上新乐府诗的代表人物。

丁忧期间，也是元稹诗歌创作的重要阶段，元稹在新乐府诗中提出了“即事名篇，无复依傍”的重要理论。他在新乐府诗的创作中，利用深刻的语言揭示了当时黑暗的社会现状与民众的疾苦，为后世留下了宝贵的文学财富。可以说，一个政治家的生命刚刚终结，而一个诗人的生命才刚刚开始……

第六章

酒逢知己

第一节
得罪权贵三遭左迁

三年，他用语言为自己编织一个寂静的茧，在那间小小的屋子里，夏听蝉鸣冬饮雪，那些枝枝丫丫的思想也终于被一点点剪除，杂芜的过往，喜悦和眼泪交织的曲子，只有在沉酣的夜里才悄悄出现，月光照在他的面颊，智慧如蛇，淳朴如鸽。

母亲已逝，但生活还需继续，元和三年（公元808年），元稹服丧期满，在这三年中，元稹闭门不出，痛定思痛，除与朋友潜心研究新乐府诗之外，元稹将大量时间都用于陪伴家人。

失去了母亲的元稹，更知亲情之重。如今他最珍惜的人，便是妻子韦丛，在这三年之中，他无时无刻不陪在妻女身边，心怀愧意的他，也想借此机会弥补自己的过错，他知道，韦丛需要他的陪伴，而在自己的心中，也离不开韦丛的支持。

在元稹的生命里，韦丛就是他的依靠，他内心中的忧愁与苦闷，也只有韦丛能够体会。心中多年的政治理想与抱负，还有接二连三的挫折打击，即便元稹深埋心底，韦丛也能体察一二，此番服丧在家，韦丛在服侍元稹的同时，也不断地开解他，希望他将过去的心结一一放下。

服丧期满之后，元稹与兄长元积便可继续回朝廷任职，虽已赋闲在家三年，但是朝廷仍旧相当看重他的才华与为人，宰相裴垍早已为他预留了监察御史一职，待他回朝后，便可直接上任。

上任之前，元稹思索了许多，在家丁忧的他，仿佛已习惯那般与世隔绝的悠闲时光。况且，元稹在失去母亲之后，更加珍惜陪伴亲人的时光。此番上任之后，家里的一切，又要交与韦丛一人打理，他着实有些不舍，他一直沉浸在离别的忧愁之中。

贴心的韦丛看出他的焦虑，她与以往一样安慰着元稹，望他切莫担心自己，也勿辜负朝廷的信任，只管忙碌朝廷之事便是。

元和四年四月，元稹正式出任监察御史一职，主要负责巡查郡县、屯田、铸钱、司农出纳和监决囚徒等。这与他原先所任职的左拾遗有相同之处，都需体察民情、讽谏皇帝。

元稹此番上任，心中万分感激宰相裴垍，当初正是他慧眼识珠，才使得自己如愿入朝为官，此后虽然自己的朝中麻烦不断，但裴垍多次暗中相助，才得以顺利脱险，此番服丧期满，裴垍又为自己争取了这样的官职，裴垍与元稹之间，可谓伯乐与千里马的关系。

元稹心知肚明，裴垍这样提拔自己，是因为裴垍欣赏自己的才干，他也知道，自己原来在朝廷已经得罪了很多人，此番裴垍重新启用自己，一定顶着很大的舆论压力。如果自己做不好，不仅自己会丢掉乌纱帽，而且还会连累裴垍大人。

元稹于二月份上任之后，三月份便接到了重要差事，朝廷要他去剑南泸川捉拿赃官任敬仲。如果按照惯例，督察不需要做太多准备，但对于元稹而言，这是上任之后的第一桩案件，自然是不敢怠慢。临行前，他详细查阅了此案的来龙去脉，做到了心中有数，三月七日，元稹快马加鞭，赶往剑南。

远行，对于诗人而言，向来都是一桩乐事。在家沉闷了三年之久的他，早已看腻了长安的亭台楼阁，南方山水与长安风光迥异，山崖怪石，瀑布流川，鸢飞戾天，鸟鸣于涧，沿着奇险的蜀道一路向南，两岸竹海翻涌，猿声不断，沉浸其间，如在画中游。

这漫山的美景将元稹从过往几年的阴霾中抽离出来。此刻，元稹忘掉了所有忧愁和伤心，自然这幅偌大美丽的画卷真正向他渐渐展开。这种美景的享受给元稹带来了无比的滋养，就像啼哭已久的孩童回到了母亲的怀抱一样。

在这种美景熏陶之下，浓郁的诗性油然而生，他迫不及待要作诗一首，想与白居易等人一同分享。后来诗人阮阅对当时的情景做出了以下描写：

元白交道臻至，酬唱盈编。微之为御史，奉使往蜀，路傍见山花，吟寄乐天曰："深红山木艳彤云，路远无由摘寄君。恰似牡丹如许大，浅深看取石榴裙。"又曰："向前已说深红木，更有轻红说向君。深叶浅花何所似，薄妆愁坐碧罗裙。"白因南迁回，过商山层峰驿忽睹元题迹，寄元诗曰："与君前后多迁逐，七度曾过此路隅。笑问阶前老桐木：这回归去免来无？"

这篇文章几乎重现了当时的情景，元稹所到之处可谓是风景宜人，目不暇接，路过的群山已经挂满红叶，从远处望去，层林尽染，犹如天边的红云一样壮观，如果不是路途遥远，他真想采撷几片，回去送与自己的亲友。

在美景之中，诗人似乎忘了来此的真正目的。他被自然的馈赠深深陶醉，“深叶浅花何所似，薄妆愁坐碧罗裙”，这样绝妙的比喻非身处其中不能想象，漫山的的花草陪伴着他长途跋涉。如果不是公务在身，他一定会停下脚步，将沿途的每一处景色都收入诗中。可是，人生就是在这样诸多的遗憾中匆匆掠过。

虽是遗憾，但是元稹已经将他们尽收眼底。如果还有机会，他必将邀请白居易等好友一同前来赏光。如此秀丽风光，定是他们梦寐以求的世界，元稹甚至还想到，如果他们常驻于此，定能创作出更多佳作。

后来，元稹在诗中写道：“还向万竿深竹去，一支浑卧碧流中。”这十四个字生动描绘出了元稹亲临感受到的自然美景。它犹如一幅完美的水彩画一般，展现在每个人的眼中，他还原了竹林深处的清幽与宁静，川流不息的小河在竹林映照下染上了绿色，穿行在弯曲的竹林里。这一抹清幽和绿色，仿佛一下投射到了元稹的心中，也许它会照亮他心中的阴霾，拂去他心中沉积的灰尘。

美好虽已在眼角驻足，但是手中的案件无时不挂于心中。虽然之前一直在告诫自己要吸取以前的教训，但当他身居要职的时候，依然把黎民百姓的安危放在首位，为此他不顾舟车劳顿，日夜兼程赶路。

这一刻，他似乎又是原来的元稹，无论他之前经过多少次内心斗争，都难以改变他为国报效的赤胆忠心。他上任之时，始终想着白居易跟他讲的肺腑之言，但当公务缠身之时，他便还原到最本真的状态之中。

途中，元稹利用休息时间，见过了几位好友。在途经城县的时候，他拜访了好友薛能，此人对元稹早有耳闻，并且敬佩不已，他曾经特意作诗表达对元稹遭遇的同情与气愤，此番元稹来到府上做客，薛能自然是喜出望外了；在山西梁州，元稹还碰到了前来游江的白居易、白行简兄弟和李建，他乡遇故知，这对于几位诗人来说，在再好不过的事情了。是夜，“绿蚁新醅酒，红泥小火炉”，几人彻夜长谈，痛饮达旦，大醉不归。

挥别好友之后，元稹继续踏上路程。与白居易等人的交谈，使他更加明白了自己此行的重要性，他减少了自己休息的时间，日夜兼程赶往剑南。进入巴蜀以后，他更无心浏览沿途风光，而是直奔泸川。

到达泸川之后，他马不停蹄地对任敬仲展开了调查，将他那些贪赃枉法之事查清之后，掌握了此案的大量证据。随之，元稹对任敬仲开始了审讯，此人在任剑南东川节度使期间，贪污受贿，搜刮百姓钱财，兼并土地，据为己有，致使当地民众苦不堪言，纷纷逃离家园。据任敬仲交代，他这么做是受节度使潘孟阳的指使，自己只是他麾下的小棋子而已。

此案水落石出之后，元稹将此人与潘孟阳的罪行罗列成册，上奏朝廷。元稹原本以为此案件已经处理完了，谁知他竟又一次得罪了当朝宰相杜佑。这个潘孟阳，是杜佑非常器重之人，也是杜佑手下的得力干将，元稹弹劾潘孟阳，自然是得罪了宰相杜佑。

在杜佑的指使下，潘孟阳联合朝廷众官为自己翻案，他将元稹所列罪状一一驳斥。元稹虽然据理力争，但无奈官官相护，自己势单力薄，最终还是败下阵来。

此次案件，元稹不仅以失败告终，而且再一次得罪了宰相杜佑。但是在剑南百姓心中，元稹是为了主持正义才不顾自己安危，这种兼济天下的举动，获得了百姓的赞扬。

再一次得罪了杜佑，元稹很可能惹上杀身之祸。此时正在管理诸侯事宜的裴垍，原本就希望将元稹调往东京任御史，但一直没有找到机会。如今借此时机：一是为了治理东京；二是为了保护元稹。很快，就将他调往了东京洛阳。

第二节
因缘际会知己远送

离别也许很简单，古道西风瘦马，扬鞭绝尘而去，倘若有知己二三，便豪饮一番，送客咸阳道，不问何时归。只是洒脱的底色是落寞，扬鞭一刹那，还是会忍不住回头。何况，这里是长安，从前是考试做官的地方，现在是妻儿相伴之地，他们的盈盈笑语，容貌声音，都被那凄厉的鞭响抽的粉碎。

虽明知裴垍是为了保护自己，但得到调任消息的元稹，心里仍旧万分感慨，为何每次入朝为官都这么波折，不是被贬职，就是被迫调任，庙堂之上，难道就容不下一个小小的元稹吗？

元稹此次要上任的东京监察御史，明为督察御史，但实际权力并不大。但是洛阳自古繁华，又是兵家必争之地，聚集着许多权贵。所以元稹在此当差，其难度并不比京城容易。

尤其是当时洛阳的贵族较多，朝廷很难管理，如果管理不善的话，罪名自然都会落在当地官员身上，而这些困难在裴垍心里已经积压许久，他以往派去的官员都被当地权贵所收买或恐吓，最终都无疾而终。所以此次奉旨治理诸侯，裴垍希望元稹充当自己的左膀右臂。

这些困难，元稹也心知肚明。出发之前，他总是若有所思，似乎有很多事让他放心不下。而最令他担忧的不是自己的前途，而是妻子韦丛。早在元稹母亲重病时，韦丛便感觉到身体有所不适，妻子韦丛的身体便大不如前，由于韦丛长期承担家里的大小家务，身体负重不堪。只因当时郑氏病重，元稹又在外当差，身边无人照应，所以她一直在勉强支撑着。

在与妻子相伴的时光里，元稹第一次感觉到他如此依赖韦丛。她温柔的臂弯是他疲惫之躯的港湾，她温润如玉的气质常常使他莫名的心安，她用最细最细的气息，撩拨着他思念的心弦。多年以来，元稹已经习惯了她陪伴，他对自己的生活非常满足，母亲去世之后，他曾下定决心，要对韦丛关怀备至，给她更好的生活，但是，如今在她的身体如此孱弱之际，他却要又一次远走他乡。

去往洛阳的路上，元稹一直提心吊胆，无时无刻不在挂念着韦丛，虽然临行前，他已经安排好人去照顾妻子。但是不知为何，元稹心中总是无比慌乱，好像有什么事情要发生一样。

刚到洛阳不久，他的感觉便得到了灵验，家人来报，元和四年七月九日，27 岁的韦丛因病香消玉殒。

得知消息后，他泣不成声，虽然心里早有准备，但当现实迎面而来时，元稹亦是难以接受。自认识韦丛以来，元稹一直被她的呵护和爱护包围着，结婚以后，韦丛放弃了千金小姐的生活，心甘情愿照顾着元稹，无论家庭如何窘迫，生活如何困顿，韦丛从来无怨无悔、任劳任怨。

他对韦丛充满了内疚，他觉得妻子如此薄命，都是因为长年照顾自己，劳累过度造成的。这样的自责，一直在元稹心中缠绕，他将妻子的死，都归结到自己身上。也是从那时起，思念的情丝便挥之不去

悲痛至极的元稹，仿佛被人抽去了灵魂的另一半，他心里有万千话语要对韦丛讲，可此时却一句也说不出来，最终，他喝了许多酒，为她写下了一纸思念：

感极都无梦，魂消转易惊。风帘半钩落，秋月满床明。怅望临盼坐，沈吟绕树行。孤琴在幽匣，时迸断弦声。

夜已阑珊，满床月影，他起身徘徊，期望梦中与韦丛相会，

诉说他的悔恨与思念。不知不觉，竟走到了妻子昔日手植的芭蕉树下，芭蕉无语，空结惆怅，这样幽幽如梦的夜里，他想为她弹奏一曲，奈何孤琴弦断，更添悲凉。

在无数不眠之夜里，元稹常常在深夜独坐，风吹着窗帘不停摇摆着，院落里投下斑驳月光，他心中满是惆怅、满是寂寞、满是空虚，三年之内，元稹接连失去了母亲和妻子两位至亲，原本幸福的家庭，如今却只剩下了自己。

一个人消失了，就像一艘船沉没在大海，他常常坐在那苦难的涯边，看日出日落，潮起潮退，心底的暗涌渐渐翻滚，漩涡似地席卷着往日的生活。日复一日，点点滴滴，浪潮拍打着心房，他顾不上那些疼痛，回忆已经沉没，只剩下被海潮打上岸来的一块木板，上面端坐着，是失魂落魄的元稹。

怀念妻子的时候，他创作出了大量的悼亡诗，那真挚的情感为后人带来了无限的想象。但后人也只能想象，他的孤独与悲伤，又岂是旁人可以体会，无数次徘徊，无数次呻吟，才写下了那泣血的诗句：

朝从空屋里，骑马入空台。尽日推闲事，还归空屋来。

月明穿暗隙，灯烬落残灰。更想咸阳道，魂车昨夜回。

失去爱人的元稹，平日里甚至不敢回家，只要推开家门，便能看见那触目惊心的空荡，满眼旧物，却不见故人，昔日二人秉烛夜谈，其乐融融，如今油尽灯枯，落满尘埃，只有那月光不变，穿过思念的户牖，穿过哀伤的门扉，盈盈地照在他的青衫上。

那一夜，他做了一个梦，梦里，韦丛要元稹把自己安葬在咸阳，希望归于家乡。但是元稹因为公务在身，不能擅自离开，所以只能将韦丛安葬在洛阳城外，孤坟一座，从此二人阴阳相隔。

元稹的悼亡诗在洛阳城很快流传开来，远在洛阳城外的卢子蒙是他的旧友，与他相同的是，卢子蒙同样也刚刚失去了妻子。当他看到元稹所写的悼亡诗时，感同身受；因为此时的他，同样也沉浸在悲痛之中，他找到元稹，希望两人一起作诗，怀念最爱的人。

那段时日，元稹与卢子蒙等几位朋友创作了大量的悼亡诗，元稹始终沉浸在对妻子的痛苦怀念中，他在诗中写道：

月是阴秋镜，寒为寂寞资。轻寒酒醒后，斜月枕前时。倚壁思闲事，回灯检旧诗。闻君亦同病，终夜远相悲。

十里扶枢别，一身骑马回，寒烟半堂影，烬火满庭灰。稚女凭人问，病夫空自哀。潘安寄新咏，仍是夜深来。

自从妻子去世后，元稹便将自己抛入忙碌的工作中，每至深夜，他都不愿意回到那空洞的屋子里，他习惯了饮酒，只有在醉眼朦胧时，他才可以暂时麻痹自己的神经。入秋时节，寒风渐起，元稹便在这种寒冷中品味着寂寞。

他常常倚着门框，想着韦丛过去的样子，那时他总喜欢倚在门口看着韦丛浇花的样子，夏日初阳下，她回眸一笑，眼底里尽是温柔缱绻——而如此美好的画面，如今只剩下回忆了。想罢，元稹便提灯回去，反复看着昔日为妻子写的诗，仿佛每捡起一首旧诗，就捡起了二人泛黄的回忆。

有时，他觉得妻子并没有走远，自己说的话，妻子是可以听见的，所以他时常用陌生的呢喃应和着思绪万千，他想用月亮做一个寂寞的比喻，希望妻子能够听见。

深夜时，元稹时常望着天上，他喜欢与天上的韦丛说些悄悄话，那瓦蓝天空中闪耀的寒星，就是对自己最好的回应。他轻轻告诉她，他离不开她，他觉得自己一直是被韦丛宠着，自己的脾气，只有韦丛可以包容，自己的爱情，也只有韦丛可以收藏。

所幸，他和韦丛诞有一女，这颗小小的爱情的结晶多么像她的母亲，他将她视为掌上明珠，他答应妻子，要将她抚养成人，教育她、呵护她，要她成为像母亲一样知书达理的女子，他牵起她稚嫩的小手，完成一个父亲的承诺。

看着妻子留下的遗物，他不愿再睹物思人，沉浸在无限的悲哀中，他将韦丛的首饰留给了女儿，那些韦丛穿过的衣服，便送给了韦丛的仆人，她们跟随韦丛多年，亲如姐妹。在韦丛生病期间，仆人们像照顾家人一般对待韦丛，让元稹甚为感动，所以将衣服送与她们，也算是一种纪念。

现在，他要亲自为妻子送行了，路上，元稹一直扶着妻子的灵柩，就像原先妻子挽着他一样。寒风中，元稹想起从前读书时，妻子被一只白蝴蝶吸引，笑着指给他看，他一抬头，便看见漫天的白纸纷飞。如今，他只能以这种方式送妻子最后一程，心中即便有万千愧疚，也无法弥补了。

祭拜时，元稹忍不住扑到妻子的碑前，将自己所有的情绪全部发泄出来。他仰天长啸，放声痛哭。从此，元稹逝去了他最爱的亲人。

第三节
钟期伯牙高山流水

当丧妻的疼痛变成心底的伤疤，他便知道，韦丛从此成为他永生的遗憾。回忆总是毫不留情地噬舔着伤口，在清晨，在深夜，在未来漫长的相思岁月，他总想放声大哭一场，将自己的影子哭碎，将自己的灵魂抛光。

根据当时风俗，官员亡妻后，要找高于自己的官员或文人为其写墓志铭。初到洛阳的元稹，对当地官员还不太熟悉，经人介绍和引荐，他认识了当时洛阳尚书都官员外郎韩愈，并请他为自己的妻子撰写墓志铭。

韩愈与元稹不仅同在洛阳为官，而且同样爱好写诗。对于元稹，韩愈早已知其大名，不仅了解他在朝廷中的作为，而且还读过元稹的作品，尤其是元稹在洛阳所作的悼亡诗，更是让韩愈赞不绝口。如今元稹要他为亡妻写墓志铭，韩愈自是欣然接受了。

夫人讳丛，字茂之，姓韦氏。其上七世祖父封龙门公。龙门之后世，率相继为显官。夫人曾祖父讳伯阳，自万年令为太原少尹、副留守北都，卒赠秘书监。其大王父迢，以都官郎为岭南军司马，卒赠同州刺史。王考夏卿，以太子少保，卒赠左仆射。仆射娶裴氏皋女。皋为给事中，皋父宰相耀卿。夫人于仆射为季女。爱之，选婿得今御史河南元稹。稹时始以选校书秘书省中，其后遂以能直言，策第一，拜左拾遗，果直言失官；又起为御史，举职无所顾。夫人固前受教于贤父母，得其良夫，又及教于先姑氏，率所事所言，皆从仪法。年二十七，以元和四年七月九日卒。卒三月。得其年之十月十三日葬咸阳。从先舅姑兆。铭曰：《诗》歌《硕人》，爰叙宗亲；女子之事，有以荣身。夫人之先，累公累卿。有赫外祖，相我唐明。归逢其良，夫夫妇妇。独不与年，而卒以夭。实生五子，一女之存。铭于好辞，以永于闻。

文中，韩愈详细介绍了韦丛的生平事迹，字里行间，流露出对韦丛极高的评价。但世人皆可看出，那是因为韩愈对元稹的印象甚好。文中写道“以能直言策第一”、“果直言失官”、“举职无所顾”等，无不表现出韩愈对元稹的欣赏与敬佩。

元稹读完韩愈所著的墓志铭后，心生无限感慨，对其人更是刮目相看。他认为韩愈不同于其他官员，也有一颗为民请命的赤子之心，与此同时，在诗歌创作方面，与他有着知己般的默契，能在洛阳遇见这样的朋友，让元稹甚为开心。此后，两人便开始了诗歌上的交往。

元稹到洛阳上任之初，依然没有像朋友相劝的那样去左右逢源、明哲保身，而是由着自己耿直的性子去做事。由于洛阳是中唐时期的东郡，这里聚居着各种皇宫贵族，他们普遍专横跋扈，政府很难管理，当初开元大治时，对他们都是得过且过，更何况是现在了。

而这些王宫贵族们有很深的背景，大多都与朝中权贵有着某些关联。所以那些小官吏根本不敢得罪他们，更别说是督查管理了。

元稹担任的职务是督察御史，是专门弹劾那些违规权贵的。他心里明白，裴大人此次将自己调到洛阳，就是要自己保持以往的强硬态度，刚正不阿，刺贪刺邪，好好将洛阳的贵族们整治一番。至于这样做的后果，他没有多想，自己现在茕茕孑立，孤身一人，又有什么好牵挂担忧？

不久，洛阳城内就发生了一件蹊跷的案子：河南尹杜兼杀死书生尹太阶、魏博等人，致使田季安盗娶洛阳衣冠女，也使宣武节度使韩弘吞没其财产。元稹得知后，迅速展开调查，将几名案犯的罪行纷纷上报于朝廷。

要知道，河南尹杜兼可是宰相杜佑的亲戚。早在元稹任左拾遗时，就因耽误杜兼晋升而得罪杜佑，如今元稹又将他上奏于朝廷，势必又将得罪于杜佑。但他显然没有考虑这么多，当他办理杜兼的案件时，一直在查找杜佑唆使的蛛丝马迹，他知道杜兼是杜佑的亲信，幻想着这一次能够依靠杜兼案，将杜佑这棵大树连根拔起，将其党羽一举歼灭。

元稹在洛阳的举动得到了大家的称赞，很多有志之士和文人墨客都闻讯而来与他结交，他与同样不与权贵势力低头的薛戎，就是在这种情况下认识的。元稹非常欣赏薛戎的人品，认为他是当朝甚少的忠良之士，而薛戎同样对元稹的所作所为赞赏有加，二人遂成为莫逆之交。

而元稹在洛阳最重要的朋友是韩愈。自上次韩愈为韦丛撰写墓志铭之后，元稹便对其有了极其深刻的印象。在洛阳当差时，元稹和韩愈有过多次会面，两人除公事以外，还时常在诗歌上进行切磋，韩愈对他和白居易等人发起的新乐府诗十分感兴趣，并积极投入到其理论宣传之中，看着自己的诗歌阵营中又加入一员悍将，他对韩愈更是推心置腹，他将内心的许多想法，甚至牢骚，都讲与韩愈听，在《新夷花（问韩员外）》中，元稹写道：

不畏辛夷不烂开，顾我筋骸官束缚。缚遣推囚名御史，狼藉囚徒满田地。明日不推缘国忌，依前不得花前醉。韩员外家好辛夷，开时乞取三两枝。折枝为赠君莫惜，纵君不折风亦吹。

诗中，元稹将韩愈的气节比作辛夷，在洛阳这个是非之地中，韩愈依然可以刚正不阿，不畏权贵之要挟，实属不易。纵使寒风吹拂，百花嫉恨，待到辛夷花开，他仍要折一枝送给韩愈，因为屈子笔下的辛夷品质高洁，真是韩愈的人格写照。

元稹和韩愈可谓是惺惺相惜，他们都怀有一腔热血，要为国家献身，二人在很多政治观点上都有着十足的默契，他们都认为如今的朝廷已经大不如前，上至皇帝，下至文武百官，如一盘散沙，无法凝聚。而且朝中充斥的大量昏庸之辈，而真正的有志之士，却难以获得重用。两人在感叹朝廷腐败的同时，也深叹自己未曾遇到一位明君，这种环境下，及时有万千本领，也是进退无望，报国无门。

时间长了，两个人关系越来越近，韩愈知道元稹刚刚失去妻子，内心非常痛苦与寂寞，所以除了在家促膝长谈之外，韩愈时常在闲暇之余，邀请元稹外出游玩，洛阳乃数朝古都，不仅风光秀美，而且有众多古迹，他们访遍洛阳城附近的名山名水。所到之处，便相互唱和，留下许多难得的佳作。

自妻子韦丛去世之后，元稹很少出去游玩，除了公务之外，元稹便待在家中研究古籍，他依然没有从妻子去世的阴影中走出来，越是寂寞时，元稹越会想起妻子韦丛。写诗在那时似乎成为他唯一的消遣，但是久而久之，也觉烦腻，也曾有好友邀他畅游山水，共赏烟霞，他都婉言谢绝了。此次同韩愈出游，他也是犹豫再三，然而当他们寻访到那深山老寺，碧水清潭时，心中的哀伤便瞬间烟消云散，他亦感叹，难怪古今诗人皆爱出游，山水可洗涤心性，钟磬可净化心灵，唯有在路上，方能了无牵挂。

元稹和韩愈的友情，就像历史上的伯牙、钟期一般深厚。他们以诗结友，无论是在人品还是在才华方面，两人都不相上下，而且他们对时局的观点都几近相同，更为可贵的是，两人始终对彼此甚为欣赏，视为至交，所以两人的友情也成为历史上的一段佳话。

他们在洛阳任职时虽然互为上下级，但是凭借亲密的友情，两人共同结交了许多好友，李宗闵就是其中之一。此人也是一介书生，才华横溢，年少有为，元和三年时，李宗闵参加制科考试，本是志在必得的事，却因为得罪了朝廷权贵，便一直没有被录取。

当他知道元稹和韩愈都在洛阳时，便带上有着同样遭遇的牛僧孺一起找到了他们，希望能够得到二人的举荐和帮助。如今在外地任幕僚的李宗闵、牛僧孺将自己的经历说完之后，元稹气愤不已，因为他曾经也受到过类似不公的待遇，论学识、论能力，两人足以为国效力，但就是因为小人的陷害，朝廷才错失了这样优秀的人才。

有着相同经历的几个人，随之成了无话不谈的好朋友，虽然在多年之后，李宗闵、牛僧孺二人为了自己的利益弹劾元稹，致使他带病被贬到武昌任职。但是当初结交时，这几人感情却是相当深厚。

时任督察御史的元稹，虽然手中握有弹劾官员和权贵的权力，但是元稹要想为民请命，除暴安良，并非容易之举。上文提到，这里的官员都是内廷的亲戚或党羽，有着深厚的背景，牵一发而动全身，所以元稹在办案中会经常受到上面的施压，使他无法按照正常程序办案。

元和四年，时任河南尹的杜兼突然暴病身亡，接替他的是前朝宰相房琯的侄子房式。此人向来以游手好闲、狂妄无耻著称，此次能够任职，也是贿赂杜佑所得。他自上任之后，为非作歹，横行不法。元稹了解情况之后，上书皇帝，按照律法将其停职，并罚他一年的俸禄。此举在朝廷掀起轩然大波，惹怒了朝廷诸多官员，尤其是宰相杜佑，他一直对元稹怀恨在心，眼见元稹成为众矢之的，他便要借此机会除掉这心头之患。

在杜佑的谋划下，群臣纷纷上奏弹劾元稹，皇帝信以为真，决定以专达作威之名予他降罪，不仅罚他一季的俸禄，还让他在京等待处理结果。

元稹又一次被朝廷降职，这一次，他心中仍是不服，甚至燃起了解甲归田的冲动。从前他忍辱负重，是因为还有家人需要他的照顾，如今父母已逝，妻子也刚刚入土，他孤身一人，无牵无挂，何不种豆南山，垂钓清溪，与朝廷从此一刀两断。但是，转念一想，倘若他此时离职，便是向杜佑等人俯首投降，白居易和韩愈等人还在战斗，他又怎能甘心就这样退出？

回京之前，他与韩愈等好友依依惜别，在了解元稹降职的真正原因之后，众好友感到极为惋惜，同时也劝说元稹，以后要好自为之，倘若能打点上下，或许能官复原职也未可知。

在回长安的路上，元稹在敷水驿站遇到了宦官头目仇士良和刘士元，他们看到刚刚被贬职的元稹，露出一种鄙夷不屑的目光。夜晚，仇士良假意邀请元稹喝酒，元稹严词拒绝，他不愿与这等人同流合污，仇士良、刘士元二人便一起对元稹拳打脚踢，事后，仇士良二人恶人先告状，他们联名向朝廷上书，说元稹加害于自己。

一向袒护宦官的唐宪宗看到此奏章立刻龙颜大怒，拍案而起，立即下令要严惩元稹。带伤回到长安的元稹，还没有来得及休息，便接到如此噩耗。他不甘蒙受这不白之冤，于是即刻找来白居易等好友，将事情的原委都告诉了他们。

白居易等人了解情况后，立即联名向皇帝上书说明原委，请求皇帝明察此案，但是，这些奏章都被当时执政的丞相杜佑驳回。他们也曾通过朝廷内部关系，避开杜佑，直接上书给皇上，但是也都石沉大海，杳无音信，所有的努力最终还是无疾而终。

多日之后，朝廷对此事做出了决定，将元稹贬职到江陵。而此案幕后主使房式却仍被杜佑加以重用，并且杜佑以皇上的名义发布诏书，对房式在河南的表现给予肯定和赞扬。

既然是莫须有之罪，元稹无处申辩，他后来甚至想过，仇士元等人也许早就在驿站设好圈套等着他，目的就是将他推向死路，为了朝廷的公事，元稹连母亲和妻子的最后一面都没有见到，而自己却落到这般下场，想到这里，他心中一片凄凉，上文提到，被贬职的官员在接到调令之后，必须马上赶赴目的地，所以元稹接到调令之后，来不及与 8 岁女儿和好友们道别，便踏上了去江陵的路程，由此，元稹再一次开始了远途。

第七章

仕途坎坷

第一节

远赴淮西平息叛乱

当告别成为一种习惯，离开的原因似乎也不必纠缠。从此端到彼端，路上的颠簸映衬着内心的平静，于世间千千万万的嘈杂声中，他仍旧能分辨出远处的清溪、荒流、瀑布。古潭一样的心里，掬起的都是绿的化不开的往事如烟。

在江陵期间，元稹度过了他政治生涯中最为低谷的阶段，诸事不顺的他沉闷低迷。不久，他从朝中得到消息，一直器重他的宰相裴垍罢官去职，告老还乡。从此，朝廷内再也没有能够帮助元稹的人了。

此外，妻子韦丛去世之后，女儿就需要他亲自照料，无奈他公事繁忙，很难脱身，留给女儿的时间少之又少。而在江陵任职期间，元稹结识了当地女子安氏，后来便纳她为妾，安氏不仅帮他照顾女儿，而且还为她生下了儿子元荆。

但是好景不长，元和九年，与元稹有过短暂婚姻的安氏因病去世，这是元稹第二次经历妻子离世的惨剧，虽然他与安氏相处时间不长，但是对于安氏的离开，元稹依旧心生悲悯，无限悲哀。

他放下自己的工作，回到江陵给安氏操办后事。而与此同时，地方统治危机乍现，很多地区都发生了起义和骚乱。即便在风景优美、与世隔绝的淮西，也发生了严重的叛乱。为首的头目名叫吴元济，本是老实巴交的农民，被当地恶霸逼得家破人亡，忍无可忍之下，拉帮结派，揭竿而起，最终引起了这场叛乱。他带领一帮乌合之众，占山为王，与当地官军展开激战，这个原本安详的小村镇，顿时陷入一片混乱。

荆南节度使严绶接到朝廷命令，到淮西地区平息战乱，按照要求，他临行之前，要选拔一批幕僚官员一同前往，而元稹也在他的幕僚名单当中。刚刚料理完安氏后事的元稹，没想到这么快就要调离江陵，接到通知的他竟有些猝不及防。

自到江陵之后，他屡遭打击和嘲讽，加上多次被奸臣陷害、贬职，他已经不想再过多参与朝廷的事情，但是接到平叛的圣旨之后，他首先想到的就是当地深陷水深火热的无辜百姓，一向大义凛然的他，又将过去的委屈统统抛掉，在安排好家眷之后，他便快马加鞭，翻山越岭，与严绶汇合，一同前往淮西前线。

元稹此次的任务，是作为严绶的幕僚，协助他进行一些工作，在元稹心中，受命于危难之际，是朝廷对他的信任，原本对朝廷心灰意冷的他，此时也感到些许欣慰。他此次去前线，当然不是为了朝廷，而是为了饱受战乱之苦的黎民百姓，朝廷纵有千错万错，而百姓何辜？

去往淮西的路上，元稹看着那些身负重伤、相互搀扶的兵士，心中万分感慨，他们此次征战，无论胜负如何，都是国家的损失。这本是一场不该发生的战争，如果朝廷能早点安抚的话，这场战争完全可以避免。

这些兵卒都是各自家中的顶梁柱，有的甚至是单传独苗，如果有何闪失，他们的家人一定会痛不欲生。元稹感叹，这样的悲剧如今似乎司空见惯，现在多地出现战乱叛贼，这并不是偶然现象，所谓物极必反，如果他们不是被逼上绝路，也不会这样揭竿而起，如果朝廷只是镇压，而不从根本上解决的话，今后的叛乱将会此起彼伏。

元稹作为严绶的幕僚，自然是要为他出谋划策。他的策略很简单，就是避免双方流血冲突，先以文相劝，尽量不要开战。既然大家都是大唐的子民，一旦开战，难免损兵折将，对双方都很不利。严绶听取了元稹的建议，在开战之前，先命元稹写下《代谕淮西书》，而后派人给吴济元送去。

元稹在文中向吴济元分析了当今的形势，告诉他如今朝廷已经更换了君主，新主继位，就是要整顿法纪朝纲，那些小人再也不会有可乘之机。如今的皇上并非昏庸之君，他名震四海，宽宏大量，自上任以来，勤于执政，治国有方，乃唐朝圣君也。

如今他们揭竿而起，实则不是明智之举。当今的朝廷相比于此前，已经大不相同了。与德宗时期相比，宪宗时期国力更加强大，无论是经济还是军事，都远远好于以往，所以如果执意要与朝廷作对，是没有出路的。

元稹提醒吴济元，如今他发起的叛乱，弃丧背礼，舍父干君在先，如果执意起义造反，恐怕不会得到民众的认可。而且战乱一旦开始，将导致民不聊生，给民众带来不可挽回的灾难，这样的局面，相信他也不愿看见。

以淮西目前的残军状况来看，无法与朝廷的百万大军抗衡。

所以元稹要吴济元三思而行，不要做后悔之事。此外，元稹将近年来的起义叛乱之军的悲惨下场进行了逐一列举，从侧面敲打他可能有被诛灭九族的危险。

元稹还告诉吴济元，淮西的上下官员都心怀朝廷，不会与其为伍，如果交战起来，他们势必寡不敌众，所以奉劝他不要轻举妄动。元稹还向他指出，吴军的唯一出路就是归降朝廷，朝廷将确保吴军的安全，并且派人彻查当地官员欺压百姓之事，还百姓一个公道。

此篇文章堪称元稹的经典之作，他既表现出了对起义叛乱之人君的憎恨，也表示了对无辜群众的同情。他对吴济元乃是晓之以理、动之以情，他站在吴济元的角度，帮他分析了当前朝廷的状况，以及吴军所面临的处境与困难，将所有利害关系都摆在吴士元面前，可谓句句在理，一针见血。

此篇《代渝淮西书》对于当时的战争起了重要的作用。吴济元看到之后，心中一惊，元稹所言，无不直中他的要害。他此次起义，并非只是为民伸张正义，其中也包含了自己的狼子野心，但是事实不像他所预料的那般顺利。心中所想被元稹一眼看穿，吴济元的锐气顿时被消磨了一大半。

在撰写了《代渝淮西书》之后，元稹又写了《祭淮渎文》，对吴济元进行了深刻剖析：

维元和九年岁次甲午十二月朔甲辰某日辰，使谨遣某，用少牢醴酒之奠，昭祷於淮渎长源公之灵：浩浩灵源，滔滔不息。流谦处顺，润下表德。清辉可鉴，浮秽不匿。月映澄鲜，霞明焕艳。经界区夏，左右万国。百川委输，万灵受职。越海贡诚，载舟竭力。明哲用兴，凶戾潜殛。眇尔吴顽，蔑然蠡贼。鸱张蔡郊，蚁聚淮侧。丧父礼亏，干君志愎。天子命我，涤除妖慝。卒乘桓桓，戈鋋嶷嶷。电淬爪牙，雷愤胸臆。王心示怀，士剪犹抑。柔叛诱衷，取顺舍逆。咨尔有神，逮尔有极。彼暴我仁，彼枉我直。归我者昌，倍我者辟。不斩祠祀，不湮沟洫。不殄渠魁，不虐畏逼。不进梯冲，不耀矛戟。火灭燎原，人归寿域。然後洁神牛羊，奉神黍稷。告神有成，谓神不忒。尚飨。

这篇《祭淮渎文》与《代谕淮西书》遥相辉映，可称为《代谕淮西书》的姊妹篇，笔势雄放，咄咄逼人，文中元稹将吴济元的所有罪行都予以罗列，包括他如何“丧父礼亏，干君志愎”，成为天下人唾弃的对象。元稹的用意是想告诉吴济元，他的所作所为、一举一动，朝廷都已看在眼里，所以不要轻举妄动。

此外，元稹还极力劝他要放弃叛乱之心，尽快归顺朝廷，以免最终落得家破人亡。元稹的这两篇文章，也可抵得上十万大军。他利用文字击破吴济元最后的心理防线，使他在大战之前，先从心理上败下阵来，这便是兵法中的“不战而屈人之兵”。

平叛之事，元稹将自己多年积累的文学功底展现得淋漓尽致。他将文字当作自己的武器，字里行间，犹如数把无形的刀，不断地插向吴济元的心口，使他在大战之前便已身负重伤，以此达到朝廷的目的。

元稹在撰写文章时慷慨激昂、正义凛然，他虽然只是一个舞文弄墨的文人，但是凭借着笔下的文字，照样可以击破敌人的防线。武将拼的是胆识，而元稹这样的文官靠的是智慧。元稹所追求的，就是剑不出鞘便能杀敌数万，如今自己亲临战场，笔墨之间，便将一场屠戮一笔勾销。

两篇文章写罢，已经让全军上下对元稹刮目相看，人们没有意识到，原来文人在战争中会起到如此重要的作用。此后，元稹在军营中的威望随之提高。同僚们都觉得他文韬武略样样精通，今后定能常伴君王左右，做出一番事业。

听到这样的赞美，元稹似乎也有些飘飘然，他从来没有像今日这样春风得意过，理想的门扉终于开启，昔日的委屈又何足挂齿？

第二节
仰天长啸启程回京

未来，似乎从未像今日这样明晰过，他可以简单涂抹那种生活，想象皇帝收到捷报后嘴角的笑意，想象一匹快马，一顶乌纱帽，一卷金黄的圣旨和圣旨上绣出的、他金黄的未来。“百无一用是书生”，倘若书生早有千军万马在心间，便是“醉卧美人膝，醒掌天下权”了。

元稹在此次平息叛乱中的表现是有目共睹的，他不仅按照严绶的指示，写下《代渝淮西书》和《祭淮渎文》，在军队立下头功，还帮助军队解决了很多其他问题，颇受严绶器重，锋芒正盛。

而他不知道的是，某些官员早已将它视为眼中钉肉中刺了。在出征的队伍中，有不少官员都是宰相杜佑的党羽。当得知元积在军伍中任幕僚时，杜佑便有所准备，特意派去几名自己的部下，一是帮助杜佑控制军队和战争，二是监视元稹的一举一动。这个元稹，即使被贬数次仍欲同他作对，这一次，他便要利用军机要事将其置于死地而后快。

但是整日在军中忙碌的元稹，根本没有察觉有人一直在监视他，他只知道，现在战争一触即发，大家只有一个目的，就是避免更多无辜百姓遭殃，但是元稹有所不知，他的一举一动，都被杜佑手下一一记录，就等着他犯下差错，他们便可以一举报仇了。

眼看元稹在军中的威望越来越高，那些官员将他的所作所为一并写为密信派人送回京城。杜佑看到之后，颇为震惊，他没有料到元稹竟有如此大的本领，如若让他这样发展下去，皇帝大加封赏，恐怕于他不利。

杜佑思来想去，决定将元稹调出军队，不能再给他施展才华的机会。当元稹还在军队上下忙碌的时候，突然接到了朝廷的圣旨，命他即日启程回京，这不仅让元稹感到意外，更让严绶措手不及。

其实严绶对元稹有着很好的印象，早在朝廷当差时，他就见识过元稹的文采和作为，并且深表敬佩。叛乱爆发时，朝廷派严绶去前线，需要招募一批幕僚，严绶第一个就想到了元稹，那是他刚被贬职到江陵，受尽了其他官员的冷眼和嘲讽，严绶不顾旁人反对，坚决招募元稹做自己的幕僚。事实证明，元稹此次堪比数员悍将，他的两篇文章成了镇压叛乱的关键性因素。

此次朝廷下发的调令，着实让严绶猝不及防，他虽是一军之长，但也不能抗旨不从，他也知道军队里有很多杜佑的党羽，都是杜佑派来暗中来监督自己的。如果这一次不放走元稹，杜佑便可以抗旨之名降罪于他。

相比之下，元稹似乎冷静许多，除了接到调令时的片刻惊讶，也没有过多的反应，只是一笑了之。因为这些年他经历的此种事情太多了，宦海沉浮，从来都身不由己，与其哀叹抱怨，不如从容淡定处之。

元稹思前想后，觉得有些蹊跷，这才发现原来军队中一直有人在暗中监视自己，否则朝廷怎么会偏偏调离自己，而不是别人呢？想到此，元稹并没有气愤，而是无奈地笑了。此时正是平息叛乱的关键时刻，他们不把精力放在战争上面，反而专门盯着自己的一举一动。元稹不知该为自己的重要而高兴，还是该为朝廷的不幸而悲哀，但是可以肯定的是，元稹就要告别这场他一心牵挂的战事了。

他心知肚明，这是一场阴谋，他甚至早已料到，他们的幕后指使肯定是杜佑，因为在自己在朝中的宿敌就是杜佑。杜佑几次三番陷害他，而且利用职务之便，数次将他降职。如今看他在军队中有所作为，他便暗中操作，将他调回京城。

可是元稹只知其一不知其二，此次杜佑不仅将元稹从前线调回，是为了让他在京城孤立无援，还将他的好友李绛罢知政事，使元稹在京城少了一个帮手。与此同时，杜佑还将宦官吐突承璀重新调回京城，让他担任禁军中尉一职。论起此人的历史，还与白居易有些渊源，此前吐突承璀因为裴垍与白居易的弹劾，而被迫到淮南充当监军，从那时起，他便对白居易等人痛恨不已，一直想找机会报复。此次杜佑将他调回京城，就是想借刀杀人，一举两得。

接到调令的元稹，迅速处理好军中之事，便背起行囊，启程回京。临行前，严绶与众将士一同为他送行，元稹虽然只是一个小小的幕僚，但是他在军中所做出的贡献是众人有目共睹的。将士们都非常喜欢和信任元稹，饮下送行酒，从此两相别，元稹叮嘱他们不要因此受到干扰，仍要以国事为重，戮力同心，平息叛乱。

而严绶对元稹更是依依不舍，正因为有了元稹的帮助，严绶才得以在战争中很快取得优势。严绶对元稹的感情溢于言表，此次送行，严绶心中满是无奈，但事已至此，也无法挽回，只好目送元稹渐行渐远。

回京的路上，元稹心中满是无奈，大敌当前，百姓涂炭之时，竟然还有人公报私仇，可见国之不幸，路上的日日夜夜，元稹都沉浸在迷惘的情绪里。晚上，元稹又到曾经让他误入圈套的敷水驿站休息。虽然在这里受过一番毒打，但是元稹显然没有太在意，安顿好之后，便准备休息。

但令元稹想不到的是，曾经陷害他的仇士良与刚刚回京任职的吐突承璀也在此歇脚。几人随即问起元稹此次回京的原因，元稹没有告诉他们自己是被突然调回京城的，而是说因为在前线表现优异、特此回京升官的。

本想借此机会再将元稹羞辱一番，但听说他是回京升官的，仇士良与承璀只好假意祝贺。但他们心里仍有质疑，二人清楚元稹与当朝丞相杜佑之间的恩怨，而此时正是杜佑执政之时，战争还未停止，元稹怎么会突然回京升职呢。

第二天，元稹便继续踏上了回京之路，原本以为遇到他们二人凶多吉少，好在自己已经搪塞过去，既然在此地遇到他们，看来京城早已风起云涌，虽然明知前路凶险，顽强的他仍要义无反顾地走下去。

第三节
赋闲虢州生如野花

命运就像一个被抛弃的线团，线头留在原地，脚步却不得不被时间催促着上路，在路上，还来不及算计下一场梦，就匆匆来到这个莫名的地方。在此或在彼，或许一直有人在默默注视着你，或许根本没人理会你的过往，那个小小的线头躺在那里，终有一天，你一无所有之后，回到原地，痛哭一场。

回京之后，元稹便赋闲在家，这几个月来，他一直跟随军队东征西跑，身体早已疲惫不堪，借此机会，正好可以在家中静养休憩，并且好好陪陪许久不见的女儿和儿子，过些平淡温暖的生活。韦丛离世之后，他已经很久没有像这样安静地待在家中，读书写字，品酒赋诗。

可惜天不遂人愿，他刚到家没几日，便接到了朝廷的调令，要他赶赴通州任刺史，即刻启程。刚刚与白居易汇合不久，他便又要踏上路程了。此次去通州，元稹并不知道将会发生何事，所以将一双儿女都托付给亲友照顾，而自己只身前往通州。

在去往通州的路上，元稹身体越发感到不适，之前在长安家中时，元稹便感到一些疲劳；原本想安静修养的他，接到命令又不得不即刻启程，加之路上车马劳顿，抵达通州之后，元稹便大病不起。

病情一拖再拖，现在已经相当严重，他只能一边做点轻微的工作，一边求医问药，勉强度日。通州地区民风彪悍，常有匪贼出没，稍有疏忽，便大闹官府，朝廷不得已常常以安抚了事，因此许多官员宁愿被贬都不愿来通州任职。元稹此次担任刺史一职，势必要面临很大的压力。

身体欠佳的元稹既要应付公事，又要四处求医。他经过多方打听，找到了兴安的名医，喝下几服药后，元稹身体终于有所好转。不久，他认识了当地女子裴淑，两人一见钟情，他便将其续弦为妻。婚后，裴淑就承担起了照顾元稹的重任，一切安顿之后，元稹将自己的儿女接到了自己身边，一家人终于能团聚了。

在通州病重期间的元稹还与白居易保持联系，那时的白居易也遭到了朝廷的降职，正处于人生的低谷，作为好友的元稹自然是牵挂于心。无论身在何处，他常与白居易互通书信，除了畅谈诗歌理想之外，还互相勉励，在落魄的日子里，温暖着彼此的心。

元稹在通州任职期间，通州御史突然去世，按照律令，御史去世之后，当由刺史代为管理，所以当时的元稹，便代理了御史之职，全权管理通州。但是积淀了多年矛盾的通州此时已是一团乱麻，前几任官员留下的恶果也一点点发酵，纵使元稹使出浑身解数，恐怕也无力回天，这一点，令元稹颇为担忧。

好在白居易常常利用空闲，前来看望元稹。相聚之时，两人便可发发牢骚，痛饮不归，也只有在白居易面前，元稹仍像十年前的元稹，口无遮拦，心直口快。

不久，两人双双接到朝廷的升迁调令。朝廷令白居易任忠州刺史，元稹任虢州长史。至此，两人的贬职生涯终于结束，这两位难兄难弟终于看到了曙光。在这十几年中，他们都饱受摧残，颠沛流离，东征西跑，还时常受到小人的诬陷和迫害。如今升职，便可以离开这些是非之地了。

元和十四年春天，元稹带着妻子裴淑和一双儿女赶赴虢州。途中，元稹特意选择水路，从长江乘舟而下，其一是为了满足裴淑去涪州故乡的心愿，其二是为了要带儿子元荆去祭拜母亲。

想起安氏陪伴自己走过的短暂之路，元稹心中充满幸福和感激。但是缘分已尽，如今幼子已经渐渐长大，恐怕也早已忘了生母的模样。这次去祭拜安氏，也算了他一桩心事。

乘船经过忠州时，元稹还特意找自己的老朋友，忠州刺史李景俭相会，两人上次相见，还是元稹在江陵当差的时候，一晃几年过去了，老友相见，自然是亲切有加，李景俭命人备上了简单的酒菜，二人小酌夜聊，谈及往事，不禁茫然。昔日相聚，白居易也在其中，如今也不知他是否上路，人在何方。

令人意想不到的是，元稹顺江而下去虢州的路上，恰巧碰到了逆流而上的白居易。浩浩长江水面，竟然闪过那熟悉的身影，看到元稹之后，白居易立即调转船头，来与元稹相会。当时，白居易正好与弟弟白行简入川，三人见面之后抱成一团，眼眶不禁湿润起来。

三人见面，自然停止了各自的行程，他们在岸边游玩赏景，晚上通宵畅饮，心中有说不完的话。本来说好的相聚三天，可是几人实在难以离别，又在山旁的洞窟中又聊了一个通宵。后来，白居易在《三洞游序》中，描述了当时的场景。

文中数次讲述了几人不忍离别的场景，如“将别未忍、帘奇惜别”等词语，都表现出三人离别时的不舍与痛苦。在元、白二人心中，早已把彼此视为至亲，相见时的惊喜，离别时的难舍，都证明着彼此深厚的情谊。今日之元、白，恰如昔日之李、杜。

彼时的元稹和白居易，都已不再年轻，业已步入中年，都不似十多年前那般意气风发，桀骜不驯，生活将他们打磨的如同一座锈绿的古钟，可以平静地收容四面的野风，虽然身体已经衰老，然而眉角却愈加坚毅。如今二人的交谈内容，除了往事之外，也在关心这对方的身体，因为他们不知道未来还将发生什么，也许下次见面的时候，故人已经不是这般模样了。

与白居易离别后，元稹带着妻子和儿女直奔虢州，那是个风景秀美，适合休养的地方，许多文人墨客都愿意到此游山玩水，朝廷安排他到此地，正好可以好好调养身体，休养生息。

可是元稹并没有因为在这等恬静之地任职而感到惬意，反而觉得有一丝苦闷。他在虢州只是担任小小的长史，与他的政治理想相比，差之甚远。他已年过半百，却仍在下层官僚中浮沉，朝廷这次对他，与其说是甜蜜的安慰，不如说是别有用心的放逐，他担心自己从此日渐消沉，与理想渐行渐远。

相比元稹之前任职的机构，虢州属于较为安逸的，这里大多都是山区，民风淳朴，人口分散，所以事情也比较少。而元稹所任的长史，不属于重要的官员，也难有何种作为，所以那时的元稹，把主要精力都放在陪伴家人和休养身体上了。

在此期间，元稹的哥哥元秬因病辞去了自己的官职，途径虢州时，特地来和弟弟元稹团聚。哥哥元秬的妻子在几年前已经去世，四个儿子除幼子在身边之外，其余都在外面做官。所以元稹就让哥哥留在此地，理所应当照顾起哥哥的身体来。

元秬比元稹年长二十多岁，身体自然比元稹虚弱很多，来虢州不久，便突然暴病，多日后，元秬在元稹府上去世。这是元稹第一次眼看身边的亲人一步步走向死亡。自从元稹的父亲去世之后，一直都是二哥元秬和母亲照顾着自己，他对二哥有着父亲般的感情，如今他就在自己身边离世，让元稹非常难过，甚至有些恐惧。他觉得自己也可能就这样默默地死去，如同昙花一现，一切归为沉寂。

元稹的不幸还不止于此，二哥去世后不久，元稹与裴淑的女儿因为生病无法得到医治而夭折于虢州。这让刚刚失去哥哥的元稹更加悲痛不已，一老一小的离世，给了正处于事业低谷的元稹巨大的打击。十年的被贬生涯，数位亲人的离散，让这位诗人饱受磨难。

第八章 再被重用

第一节

出任翰林盼展抱负

只要坐在镜前，就能清楚地看见自己被雕刻的痕迹：鬓角星星，皱纹纵横。有时他觉得这面孔很恐怖，很陌生，像极了遥远的父辈的面庞。从前他读不懂父亲，现在才发现，父亲的影子一直在自己身上。老来坐镜中，翩翩不再少年郎。

接连失去亲人的元稹，似乎已经没有余力再去工作，年近半百的他，已经逐渐向生活低下了头。自从他任职虢州长史以来，便做好了长期赋闲的准备。一来他觉得朝廷不会再任用他了，二来和家人在这样一个悠闲的地方生活，也算是一个好的归属。

那时的元稹，公务较为轻松。所以他把大部分时间都留给了妻子裴淑，自从失去女儿之后，裴淑终日难有笑容，那是她和元稹最心爱的女儿，却过早地离开了他们。元稹心中虽然也痛苦万分，但作为裴淑的依靠，他必须要比她坚强，要掩饰住心中的痛，生活仍要向前。

元稹就这样陪着妻儿过着难得的恬淡的生活，虽然心中还有未达成的心愿，但他已经认命。在他心中，远在千里之外的朝廷，似乎早已忘了他的存在。

然而命运不会对他如此残酷，远在京城的好友们并没有忘了他。元和十四年，好友崔群为他在朝中谋得了膳部员外郎的职务。接到通知的元稹既惊喜又失落，惊喜的是，朝廷里的朋友还记得他，自己还有入朝为官的机会；而失落的是，每一次回京都是一场惊心动魄的战役，不知这一次又将会遇到什么。

年近半百的元稹，心境沉淀如青空，偶有一只飞鸟划过，都可能触动他过往的心弦。过去，就像一幅遥远的山水画，他时常端倪画中的自己，像对着一个年轻气盛的陌生人，颠簸了大半辈子，如今稍有安定，又要匆匆前行。但是，老骥伏枥，志在千里，好不容易得到的机会又怎可轻易放弃？

上任之后，他自然对好友崔群万分感激，要论其职务高低，膳部员外郎只是相当于五品县令的官位。但是它却有参政议事的权力，这是元稹一直的理想，而且此官位有较好的晋升机会。当初崔群正是看上了这点，才力荐元稹的。

好友的推荐和理解，让元稹感激不已。他觉得年近半百的他能做上这样的官，已然是登峰造极了。

然而，他刚刚上任不久，朝廷便发生了重大变故。元和十五年正月二十七日，唐宪宗李纯突然驾崩，宣告宪宗统治时代的结束。

虽然唐宪宗在位期间，曾经多次诬陷、降职于元稹，但是在他去世之后，元稹依然伤心不已。此前元稹多次向唐宪宗上书进言，也算与他有过交往，君臣一场，如今天子已薨，之前的恩怨也就随之烟消云散了。唐宪宗驾崩之后，由他的三儿子李恒继位，史称唐穆宗。

李恒继位后，对朝堂上下文武百官进行了人事调整，命宰相令狐楚为山陵使，而刚刚还朝的元稹为山陵使判官。与令狐楚共事期间，两人的关系十分密切，元稹对这个宰相印象很好，认为他与前任宰相杜佑相比，简直有天壤之别，后来元稹在《上令狐相公诗启》中写道：

十四年，自虢州长史征还，为膳部员外郎。宰相令狐楚一代文宗，雅知稹之辞学，谓稹曰："尝览足下制作，所恨不多，迟之久矣。请出其所有，以豁予情。"稹因献其文。

他认为令狐楚不仅有着非凡的政治智慧，而且在文学方面也堪称大家，所以元稹称他为“一代文宗”，跟随这样一位大人物，元稹自然不会错过求教机会，所以向令狐楚诉说了自己十年来的贬职经历。

谈起对作诗的感触，他在文中曰：“然以为律体卑痹，格力不扬，苟无姿态，则陷流俗。常欲得思深语近，韵律调新，属对无差，而风情宛然，而病未能也。”元稹敬重令狐楚，所以将心中疑惑都抛予他，希望能得到教诲。

此后，这篇文章很快流传开来，其中很多语句都成为人们流传的经典。比如“闲诞无事，遂专力于诗章。日益月滋，有诗句千余首。其间感物寓意，可备矇瞽之风者有之。”“楚深称赏，以为今代之鲍、谢也”等诗句，都引起了人们广泛的关注。

刚刚登基的唐穆宗，也是一个酷爱文学诗歌的君主。与普通文人一样，他平时也喜欢博览诗书。登基之后，他非常关注文化方面的人才，朝中的大小官员，只要能写出好文章的，他都大加赞赏。

当时有人向他引荐了一大批当朝文学才子，其中就有元稹的名字。唐穆宗在读完元稹的诗之后，颇为欣赏，遂宣他进宫面谈。言谈中，唐穆宗觉得元稹饱读诗书，出口不凡，便开始留意他，甚至主动向他索诗，因此，两人的距离也逐步拉近。

元稹上任之后，正好赶上朝廷的赋税制度改革，由于唐顺宗和唐宪宗疏于治理，导致赋税制度漏洞百出，如不大刀阔斧地改革，必将引起后患。这让唐穆宗尤为头疼，自他登基，王朝内外窘迫，外有边患虎视眈眈，内有旧臣阻挠改革，而军队疲软，国库空虚，这些都令穆宗甚为烦心。

这时，韩愈上书于皇帝，为税赋之事出谋划策，他的奏章陈述改革利弊，虽然道出了问题的核心，但是缺少实质性的方法。所以元稹在韩愈的基础上，根据多年在地方做官的经验，提出了许多可以操作的具体政策措施。他提出，针对目前情况，朝廷所采取的方法都是“救一时之弊”的方针，并不能解决问题的实质。所以他提出了“禁、罢、绝、节、峻、深、精核、慎选”的建议，要从根本上解决这些问题。

要知道，元稹的这些言论，触及皇亲国戚的切身利益，一向是其他大臣所不敢明说的。尤其是在元稹提出的诸多建议中，无一不是针对朝中那些顽固的利益集团的。也有朋友曾旁敲侧击，劝他不要太过认真，新帝继位本就根基不稳，倘若他激起众怒，恐怕皇上也无法保全他。

但是，元稹并没有因为过去十年的贬职生涯而改变自己直言死谏的做法。因为他始终记得祖先元岩树立的楷模，尽管在这十年之间，他因为直谏遭受过很多陷害和污蔑。但是当他面对百废待兴的朝廷、面对苦苦挣扎的百姓时，他依然选择了冒死直谏。

朝中那帮顽固的老臣知道元稹的谏言后，自然不肯善罢甘休。户部尚书杨于陵随之上书于皇帝，提议以实物相抵，以改变民众脱离苦难的现实，这显然与元稹和韩愈提出的建议背道而驰，两派各执己见，在朝廷之中引起了一场巨大的争论。

经过一番争论之后，元稹最终肯定了以物抵税的做法。因为他心里知道，他所提出的措施虽然可以立竿见影，但在这帮大臣的阻挠下，肯定要拖延许久才能真正执行。而他们所提出的建议，虽然治标不治本，但至少可以暂时减轻人们的困难。元稹虽然认可了大臣们的做法，但依然对当时盐利和酒利过高的情况，提出了自己的建议。

元稹在朝期间，由于表现出色，又有一手好文采，所以深得唐穆宗喜爱，他的文韬武略被穆宗看在眼里，他十分欣赏元稹刚正不阿的秉性，又一次提升元稹，任祠部郎中知制诰臣，这是他政治生涯中为数不多的几次升迁。

元稹任职不久，宰相令狐楚突然一改常态，干起卖官鬻爵的勾当，劝说未果后，他在后来所撰写的一篇名为《令狐楚衡州刺史制》中，涉及了令狐楚的违法罪行，这让令狐楚勃然大怒，对元稹心怀憎恨，两人从此分道扬镳，成为政治对手。

其实，唐穆宗对令狐楚的所为也早有耳闻，宰相一职，位高权重，有些人一旦爬上这个位子，便忘乎所以，为所欲为。他也想罢免令狐楚的宰相职务，但一直没有合适的理由，看到元稹的文章后，便顺水推舟，将其革职，永不录用。

随后，利用元稹的直谏，唐穆宗肃清了大批官员，也在他的推荐下，给朝廷注入了新鲜的血液。

长庆元年，唐穆宗大赦天下。正月初一时，唐穆宗携百官在南郊举办大典，元稹和白居易被分在一处，协管礼部事宜。两人一扫过去的阴霾，面对万象更新的朝廷、大有作为的皇帝，心中自然有无限期许，无限感慨。大典之后，元稹难掩心中豪情，遂作《辨日旁瑞气状》。文中，元稹将穆宗即位以后朝廷的改变予以深刻描述，所谓“臣下忠诚辅主，国中欢喜和合”。言语间表达出他对新朝的祝福和希冀，在这样一个欣欣向荣的天朝供职，是他的荣幸和骄傲；而对当朝天子，他直言“尽合天心”，他愿意以毕生之学，辅佐君王，重建大唐雄风。

唐穆宗看到文章后，龙颜大悦，对元稹的文采和才华赞赏不已，他越发觉得元稹是个不可多得的贤臣良将，所以在一月之后，唐穆宗升任元稹为翰林，委以重用。

任职翰林是元稹想所未想的，那就像一个可望而不可即的幻梦，他曾数次想靠近这个梦想，可是每一次都摔得遍体鳞伤，造化弄人，如今自己对仕途已不再抱有奢望，反而不知不觉就走到了梦中的彼岸。

如今已是翰林的元稹，心里微微感到了一丝欣慰，想想自己压抑多年，多次遭人陷害，致使颠沛流离，受尽千般苦难，两位爱妻，还有哥哥和爱女接连去世，自己也差点命丧通州。今日得到皇上的认可，也不枉多年来的隐忍与煎熬。

此时，元稹尤为想念母亲和韦丛，可惜，这两个他生命中最重要的女人，没有等到这一天。那一晚，他跪在二人牌位前，怅然良久。

第二节

惨遭算计任职侍郎

荣耀、名利、权势，几乎一夜之间全部落在他头上，在众人艳羡的目光下，他突然感到有些心酸，三十余年的奋斗将他从一个桀骜不驯的少年推入荣辱不惊的老者，他回味着众人的目光，多像三十年前自己看别人一样，也许富贵穷达本就是无限循环，既然他在这个圈上，便努力完成这场盛大的表演。

担任翰林之后，元稹的生活有了明显的变化，他用饷银先将元府修葺一番，又给几个幼子聘请了德高望重的老师，元府也渐渐热闹起来，慕名前来拜访的文人墨客络绎不绝，这番门庭若市的繁华，还是早年父亲在世时才有的景象，想到此，元稹的嘴角总会浮起一丝笑意。

更让他开心的是，在他担任翰林不久，他的好友白居易、李绅也被召回了京城。同被授予翰林之职，这对他们几个贬职在外多年的朋友而言，今日朝中相聚，同为翰林，是人生一大幸事，也是乐事矣。

朝堂之上，他看见同样锦袍加身的白居易，虽然两人都年过半百，此时却都神采奕奕，气宇轩昂。想想前几年两人在通州时的落魄样子，想想他们在长江相遇时的难舍与共勉，如今这般场景，不仅让他们感到欣慰，而且会让他们倍感珍惜。退朝之后，元稹将白居易请到家中，置办了美酒佳肴，数月不见，二人把酒言欢，畅聊许久。

喜悦同时，两人也就当前朝廷形势进行了分析。他们认为如今的皇上胸怀宽广，能够兼听纳言，勤勉用功，既然皇上有鸿鹄之志，愿意做一个明君，他们便要做一个贤臣，当务之急，是要将前朝所遗留下来的问题及时解决，包括朝廷官员的治理，以及民间的赋税改革等等。皇帝既然如此信任他们，他们自然不能让他失望。

同为翰林的元稹、白居易等人春风得意，他们等待了多年之后，终于有了出头之日，而且还能同几位知己同朝为官，实属不易。因此在当时的元稹、白居易的作品中，充满了欢愉得意，例如元稹在《酬乐天扬州初逢席上见赠》中写道：

未勘银台契，先排浴殿关。沃心因特召，承旨绝常班。飐闪才人袖，呕鸦软举环。宫花低作帐，云从积成山。密视枢机草，偷瞻咫尺颜。恩垂天语近，对久漏声闲。丹陛曾同立，金銮恨独攀。笔无鸿业润，袍愧紫文殷。河水通天上，瀛州接世间。谪仙名籍在，何不重来还。

在此诗中，元稹将心中的志得意满展露无遗。他一改原先作品里那种忧国忧民，慷慨低沉的风格，将笔锋转向了描写当朝的蓬勃朝气、大好河山，在这一派欣欣向荣的氛围中，诗人摩拳擦掌，踌躇满志，立志要为这样的鸿业尽一己之力。

诗中的描写，既是对如今美好光景的抒发，也是对过去离愁的宣泄。眼前的光景，曾是元稹朝思暮想的场景，如今当它呈现在眼前时，他似乎有些不敢相信。

在元稹以往的作品中，风格大多都较为沉郁，即便是描写景物，其中也不乏带有一丝哀戚之感。但在此诗中，那股萧索的寒风似被诗人心中的艳阳驱散，虽然也是在抒情，但是语句之中，却流露出轻松、达观之态，说明此时的元稹，已经渐渐从过去的阴霾中走出来。

在人们原先的印象中，白居易是一个较为成熟的形象。与元稹相比，他从容淡定，处变不惊，颇有些不以物喜、不以己悲的味道。他与元稹的经历颇为相似，也是起起伏伏，在外贬职了十几年，如今才回到了朝廷。

如果说元稹因为担任翰林而兴高采烈，多数因为直爽的性格所致；而白居易如此激动，则是长期的心理压力造成的。其实论志向、论才华，白居易丝毫不在元稹之下，他的诗歌，在民间流传广度甚于元稹，而江州司马的佳话更是为人津津乐道。

但是经过多年贬职之后，白居易心中也隐藏着很多的压力和抱怨，只是他没有向元稹那样流露在外；当他知道朝廷要召他回朝做翰林时，他其实不似元稹那般激动，从波澜壮阔到波澜不惊，白居易的心犹如一颗核桃，千疮百孔，却异常坚硬。

当他看到如今的元稹时，白居易深深感到，元稹已经不同于以往了，往日的元稹，脸上永远充满了惆怅和哀怨，还有些不得志的落魄。但眼前的元稹，容光焕发、神采奕奕，已是另外一番模样了。

正如白居易所想，此时的元稹，在升任翰林之后，与唐穆宗的交往更是越发密切。此前，唐穆宗读过元稹的很多诗歌文集，对他的文采甚为喜爱。随着二人感情愈发深厚，唐穆宗开始与元稹探讨起诗歌创作了。据白居易后来的作品所言，唐穆宗不止一次向元稹索诗，可见他对元稹的诗歌喜爱程度之深。

虽然元稹一向以正直坦荡示人，但是他却不是一个死板之人。元稹知道唐穆宗喜爱他的诗歌，所以时常创作一些优雅之作献于皇上，诗中自然少不了一些夸赞明君的意思，这样，唐穆宗在享受着元稹作品的同时，与元稹也成了好友。

通过与唐穆宗的私交，元稹逐渐成为当时朝廷统治集团中的重要人物。唐穆宗经常邀元稹进宫议事，除了商议国事之外，唐穆宗也常把一些秘密和心事与元稹分享，足以见元稹对于唐穆宗的重要程度。

此时的元稹，在朝中也算是位高权重的大人物，除了和白居易等人私交甚好之外，也和李宗闵等官员渐渐熟悉起来。

在长庆元年，朝廷举办了一场声势浩大的进士考试。刚刚登基的唐穆宗，也想借着这次考试，选拔自己的可用之才，他对此次考试非常重视。起初，唐穆宗提出要选取前十四名进入朝廷，而就在复试之后，唐穆宗突然改为了只录取前三名。

当时李宗闵和裴度的儿子都参加了考试，他们的成绩排名均在前三名之外。根据之前皇帝的旨意，凡是考试成绩在前十四名之内的考生，都可以被朝廷录取，所以二人也并未多虑；但是后来唐穆宗突然改变旨意，只录用前三甲，令他们有些措手不及。

此种结果，二人的亲属本都入仕无望，可是裴度却暗中利用职务之便，为儿子谋得了“特赐及第”而被朝廷录取。此举让李宗闵大为不满，所以他与元稹、裴度、白居易等人结下了恩怨。

其实，长期以来，两人就有说不清的恩怨。此次考试，恰巧两人的儿子都参加了，但裴度利用暗箱操作，将儿子带入了朝廷，而李宗闵的儿子却最终落榜，一无所获。于是两人之间的矛盾进一步升级。

李宗闵与裴度的矛盾源头来自元稹，由于元稹在此次考试中担任翰林承旨学识，加上他与唐穆宗有着较为亲密的关系。所以他便推荐好友白居易和李绅作为主考官，考试结束之后，李宗闵当然要质疑白居易这个主考官了。但是白居易身处三方之中，谁都不想得罪，所以只好搪塞了事。而整个考试过程元稹都参与其中，包括导致后来发生矛盾的录取前三名的主意，都与元稹有关。

考试之后，李宗闵曾登门拜访元稹，想请他利用朝中的关系，设法将儿子的名次提前到第二名，但是因为元稹一向秉公执法，不仅没有答应李宗闵的请求，反而将其痛骂一顿。万念俱灰的李宗闵便将心中的怨恨转移到了元稹身上，当他得知就是元稹劝说皇上只录取前三甲的事后，怒不可遏，与元稹彻底反目。

此后，朝廷中的某些大臣便向皇帝启奏，弹劾元稹在此次科举中利用职务之便，任用亲信，操纵考试。这其中，不仅有李宗闵的手下，还有当初令狐楚的党羽。他们一直在找机会对付元稹，只是一直抓不到什么把柄。如今，元稹在不知不觉中得罪了这样一批人，致使他在此后的仕途中举步维艰。

由于上奏弹劾元稹的人越来越多，为了平息众怒，皇帝不得不将元稹降职为工部侍郎。至此，元稹的翰林之路走到了尽头，即便皇上和他私交再密切，也抵挡不住朝中大臣的集体围攻。

这场有预谋的诬陷，白居易等人其实早就看在眼里，他们曾旁敲侧击过元稹，要他防范李宗闵的报复之心，只是元稹依旧我行我素，他天真地以为只要行得正，便不怕影子歪，况且皇帝如此信任他，那些弹劾他的奏章他也未放在心上。然而，这一次，他的自信与固执又给自己带来了厄运。

第三节

一朝为相富贵易散

从悬崖到深涧，这般起起伏伏，只是他绚烂传奇中的一个小小花瓣。惊涛骇浪早就被他收藏于心间，此次被贬，就像一颗石子被扔进了谷底，听不见一点回音，带不起一丝波澜。

元稹心里明白，朝廷这次对他已是手下留情，没有把他赶出京城，只是降职到工部，之所以如此，全凭自己与皇上的亲密关系。长期以来，皇上对元稹十分信赖，此次科举事件，皇上也相信元稹是无辜的，只是众怒难平，只好对他略施惩罚以缄众人之口。

只是那些与元稹作对的大臣依然对他耿耿于怀，只要元稹一日留在京城，他们便一日不得安宁。尤其是当朝宰相裴度，之前他给自己儿子争取了一个“特赐及第”的名额，元稹查明后，依律撤去了他儿子的官职，因此，他对元稹的仇恨不亚于李宗闵。

元稹与裴度矛盾真正的爆发，是在平息河北叛乱时开始的。由于当时朝廷对地方管理较为松散，使许多地方官员目无王法，横行一方，许多朝廷下拨的粮饷都被当地官员扣留，囤货居奇，官民矛盾日益激化，导致冲突的产生。

这是唐穆宗登基以来第一次遇到地方叛乱，所以非常重视，他特意命元稹撰写了《招讨镇州制》。文中，元稹以朝廷的名义，对叛乱者进行了严厉的指责，并且将其中的利害关系都一一讲清，利用天子的口吻恩威并施，他大力赞扬了出征平叛的大军乃国之精锐，并且夸耀田弘将军战无不胜，攻无不克，以此来威慑、劝降对方。

正在专心平叛的元稹，没想到在此时竟遭人暗算，一个名叫王播的官员了解元稹和裴度之间的恩怨，为了攀附当朝宰相，他便向裴度诬陷元稹，说他暗中勾结宦官，破坏平叛事宜。裴度原本就对元稹恨之入骨，如今听此消息，不问青红皂白，立即去皇上那里弹劾元稹。

皇上听完裴度的理由，依然不为所动，而裴度又拿出几份证据继续诬告元稹，话语间颇有不罢免元稹绝不罢休的味道。此外，裴度还借用元稹好友白居易之名诬陷元稹，一副咄咄逼人的样子。皇帝当时正在用人之际，而裴度是负责此次平叛事宜主要官员，大战在即，为了不使军心动摇，唐穆宗只好先迁就裴度，将元稹贬职于朝外，负责一些具体事务。

元稹知道唐穆宗了解自己，不会被裴度的谎言所骗，也明白此次皇帝的苦衷，所以他心甘情愿接受贬职的决定。

不久，随着战争的失败，裴度在此次平叛中所犯下的罪过也随之浮出水面，与他诬陷元稹的罪过相比，他在平叛中所犯下的错误更是不可原谅，唐穆宗龙颜大怒，当即决定将他贬到洛阳，留守东都，在众宦官极力劝阻之下，唐穆宗才让他回朝参政。

在整个平叛过程中，元稹都表现得非常积极。即使是被皇上贬职之后，元稹也没有像以前那样失落，反而是积极做好分内之事。这份荣辱不惊的胸怀，若非源于绝对的自信，恐常人不可得。

元稹这罕见的坦荡，是接触皇上之后才逐渐懂得的。皇上贵为天子，一呼百应，表面看上去风光无限，可实际上却始终夹在各个利益集团之间。皇上虽是他们的君主，可为了权衡各方利弊，巩固自己的绝对权威，有时也要听从他们的劝告，做些违背自己意愿的事情，皇上已然如此，何况是他们这些臣子呢，想到这些，元稹便释怀许多。

而元稹的蒙冤，唐穆宗也是看在眼里，他当初就是在裴度的逼迫之下才贬了元稹的职务。如今虽然叛乱失败了，但是却给元稹带来了平反的机会，唐穆宗不仅将元稹调回了内廷，还直接拜元稹为相，因祸得福，元稹也因此走向了权力的巅峰。

按照唐朝的规矩，新任丞相要上表一篇文章，来表明自己对朝廷、对皇上的忠心。而此篇文章不能由丞相本人来写，而要由他人来撰写，所以元稹邀请白居易撰写了这篇《为宰相谢官表（为徽之作)》，文曰：

臣本庸浅，遭遇盛明。天心自知，不因人进。擢居禁署，访以密谋。恩奖太深，谗谤并至。虽内省行事，无所愧心，然上黩宸职合当死责。岂意怜察，曲赐安全。蝼蚁之生，得自兹日。今越流辈，授以台衡。拔于万死之中，致在九霄之上。扪心抚己，审分量恩：陛下犹不以众人之心待臣，臣岂敢以众人之心事上？皇天白日，实鉴臣心！得献前言，虽死无恨。

作为他的知己好友，白居易自然了解元稹的生平轨迹和行文风格，在这篇短短的谢官表中，白居易以元稹的口气讲述了自己数十年来的遭遇，将人生的跌宕起伏都一一展现给皇上。文首“臣本庸浅，遭遇盛明”不仅尽显谦虚之态，而且赞颂了皇帝的清明，随后，白居易知道朝中有很多关于元稹的流言蜚语，所以他在文中特意提到“天人自知，不因人进”和“内省行事，无所愧心”。以此道出元稹心中的委屈及不渝之志，文末“陛下犹不以众人之心待臣，臣岂敢以众人之心事上?”可谓点睛之笔，宣告了自己身为人臣的不二忠心

唐穆宗非常重视这篇文章，因为他对元稹有着极高的期望，不仅因为他为人正直，有效忠朝廷之心；更重要的是，元稹是唐穆宗为数不多的朋友，他想把这个贴心之人留在身边。

每个皇上都希望身边有一个可信之人。如今自己虽贵为皇帝，但依然有些势单力薄，那些朝中的老臣们，个个迂腐顽固，处处阻挠改革，他想做一番大事业，必须要有自己的人才可以，而元稹，就是那个他需要的人。

身居相位的元稹，依然是刚正不阿、一心为民，现在朝廷百废待兴，正是自己发光发热的时候，他将朝廷和百姓的事情作为心中头等大事，朝堂之上，他油然想起自己所敬佩的人，如元岩、吴凑、柳宗元、裴垍等人，他期望自己也有那一份气魄，他日功成身退，名留千古。

官拜相位之后，他做的第一件事，就颇令人不解，不管白居易等人的劝说，他执意召回了当初因平息叛乱得罪自己的李景俭。元稹一直非常欣赏他的能力，即便他曾得罪了自己，仍

要给他为国效忠的机会。

其次，他在公务之余，也时常体贴自己的下属，他明令禁止克扣下级官员饷银，每年的寒食、上元等节日，还令人派发粮食、布匹等慰问物资；如有官员政绩良好而久不得升迁，元稹了解后，主动帮他们向皇帝说明情况；他奖掖后进，提拔了许多年轻有为的寒门子弟，在他的引导下，朝廷逐渐出现了任人唯贤、以德授官的良好风气。

此时的元稹，权倾朝野，可谓是一人之下万人之上，自然有许多达官显贵企图通过攀附他保全自己的利益，令他们失望的是，元稹与前几位宰相大相径庭，他从不取不义之财，也严责亲属们禁止收受贿赂，可谓是两袖清风，官中之典范。

然而，即便是这样，他仍躲不过敌人的明刀暗箭。

长庆二年，都知兵马使王庭凑谋反，元稹好友牛元翼被朝廷授深冀节度使出兵讨伐，王庭凑得讯后，立刻出兵围攻德州，将牛元翼困在德州不得进退，为了及时营救好友，元稹一得到消息便上奏皇上，希望能增兵解围，而彼时皇上正在为征讨河朔之事伤脑筋，所以元稹几次上奏都无果，此时，官员李逢吉劝元稹利用反间计救出牛元翼，走投无路的元稹，只好听取了李逢吉的计谋。

谁知这是李逢吉所使的一计，当元稹利用反间计相救牛元翼时，李逢吉却向皇上进言，说元稹勾结乱党，谋害裴度。起初，唐穆宗并没有将此事放在心上，他始终相信元稹的为人，认为他绝不会做出勾结乱党之事。

但是不久，元稹一再上书要求营救牛元翼，唐穆宗开始怀疑元稹上书的本意了。而在唐穆宗心存疑惑的同时，李逢吉不停地向他进言，编造谎言来诬陷元稹，进而使皇上相信他的话。

唐穆宗听完李逢吉的几番谎言之后，心中的天平竟然有所倾斜。他开始怀疑元稹对自已的忠诚是否只是一种献媚，并非真情所至。

长庆二年六月，唐穆宗一纸诏书，免去元稹丞相之职，贬为同州御史。

元稹起初以为皇上又一次被逼无奈而为之，以往贬官之后，皇帝总会派人前来安抚，而这一次，他没有等到皇帝的手书，不久，他就得了一个令人心寒的消息：李逢吉晋为丞相。

在得到消息的那一刻，他便明白，他与穆宗李恒之间彼此信赖的关系，已经彻底被瓦解了。他与李逢吉之间的恩怨，皇帝心知肚明，而这一次他既然选择了李逢吉，而将他贬到同州，可见态度之决绝。此刻，他甚至不愿再向皇帝伸冤，因为他明白，他不可能突然失宠，将他远贬的主意，也许早就在皇帝心头存在了。

只是他始终认为唐穆宗对他有知遇之恩，昔日君臣相和的场景历历在目，常言道，伴君如伴虎，没想到穆宗的想法，他元稹终究无法猜度，既然他如此绝情，元稹也心灰意冷，拂袖而去。

第九章

传奇落幕

第一节
外贬武昌再遭诬陷

君臣之间的猜心游戏，元稹累了，也倦了。鸷鸟之不群，自前世而固然，皇帝高高在上的龙椅成为他郁结的梦魇，到头来，他不过也是皇帝手中的一粒棋子，黑白宦海中，有用便用，无用便弃，总是无法逃脱权力与野心的支配。他参悟到此，也只能以冷笑替代自怜。

被唐穆宗贬职到同州做御史的元稹，身似不系之舟，心如已灰之木。他原本以为自己在朝廷中的地位已经逐渐稳固，以为他与唐穆宗的君臣感情已经足够牢固，可是最终依然没有逃过小人的算计挑拨和君王的善变无常。

虽然已经左迁在外，但是元稹心里对唐穆宗还抱有一丝希望。他始终觉得皇上会念及他们的交情，将来还可能召他回宫，所以元稹丝毫没有闲散怠慢，依然是兢兢业业、任劳任怨。

在同州期间，元稹最大的政绩就是改变了当地的土地沙化问题。那里由于人员稀少，气候干旱，沙化严重，所以农业水平较为落后，倘若遇见旱情，百姓常常颗粒无收，这一情况，致使大量青壮年逃离家乡，劳力流失严重。元稹经过调查研究之后，决定使用均田制度，将农民和地主的土地平均分之，合理化耕种，政府将税收政策进行微调，减轻了农民税收的压力，使农民生活大有改善。

均田制是元稹一直想推行的农耕制度，这代表着农民和地主做到了真正的平等，避免了土地兼并造成的“贫者无立锥之地”的危机，作为有政治信仰的元稹来说，看着自己制定的政策顺利实施，并且收效良好，是他最欣慰的事情。

元稹在同州，政绩辉煌，百姓拥戴，在当地享有极高的声誉；但是他心中，还是对朝廷有所牵挂，有所顾忌，他不知此时的唐穆宗，是否已经看穿了小人的伎俩，是否已经开始怀念两人的感情，他对皇帝最初的抱怨，已经随着时间流逝渐渐淡去，毕竟是唐穆宗，将他一点点推向丞相的巅峰，这份知遇之恩，元稹没齿难忘。

结束了同州的任职后，元稹又到了浙东，这里虽相对富庶，但政治环境却十分险恶。此时丞相李逢吉依然没有对元稹善罢甘休，浙东官员多是李逢吉旧部，他便煽动当地官员处处为难元稹，令元稹苦不堪言。

当元稹把希望还寄托在穆宗身上时，朝廷突然传来噩耗，唐穆宗李恒暴病驾崩，儿子唐文宗继位。此消息着实让元稹惊诧不已，穆宗年轻有为，励精图治，大唐王朝本可利用此契机扭转安史之乱后的孱弱局面，奈何天妒英才，让他如此早逝，实乃百姓之不幸，大唐之不幸，更是他元稹的不幸。

他所挂念的，不只是穆宗与他之间深厚的情谊，悲伤过后，他开始担忧朝廷的未来，不知这位唐文宗能否继承他父王的遗志，这次易主，是否又会引发官场“地震”。

事实上，唐文宗继位不久，就将一向以挑拨、诬陷著称的李逢吉以及其党羽一同贬斥，并陆续将白居易、张正甫等人委以要职，同时也将元稹召回朝廷，任尚书左丞。

此次回京任职，元稹早已想好了退路。如果朝中不安，那他索性告老还乡，带着妻儿归隐山林。回京路上，他希望能与好友白居易相聚，那才是他此行最大的乐趣。

果真，途径洛阳时，便听闻白居易早已在此等候着他。两人见面之后，自然是相见时难别亦难，自上次他被朝廷罢免丞相之职，两人便再也不曾相见，此次虽然是元稹赴京任职途中的短暂相遇，但是两人依旧十分不舍，再见到元稹时，他果真已经变了模样，两鬓斑白，面容沧桑，这让白居易在他的作品《愁别徽之》中感叹不已：

沣头峡口钱唐岸，三别都经二十年。且喜筋骸俱健在，勿嫌须鬓各皤然。君归北阙朝天帝，我住东京作地仙。博望自来非弃置，承明重入莫拘牵。醉收杯杓停灯语，寒展衾裯对枕眠。犹被分司官系绊，送君不得过甘泉。

三次离别，便耗去了他们二十年的时光，此时两人都已年过半百，与同龄人比起来，要沧桑许多，这不只是岁月的痕迹，也是两人多年饱受磨难的见证，那一晚，两人灯下长谈，共枕而眠，他们或许早就明白，自三十年前步入仕途的那一刻，等待他们的，就是坎坷和忧患。

元稹回朝之后官拜尚书左丞，虽然龙椅上坐着的已不再是故人，但是昔日大臣们却依然还在。尤其是当初元稹在科举考试事件中得罪的李宗闵，如今已是朝中丞相，面对刚刚回朝的元稹，他自然视为眼中钉，他与牛增儒相互勾结，诬陷元稹，说他是叛贼李德裕的同党，将他贬职到武昌。

元稹一家刚刚在长安安顿不久，如今又要启程，妻子裴淑自然心中不快，元稹在一旁安慰着妻子，这么多年总是奔波，早就该淡然处之了。

此次去武昌，元稹任职节度使，掌握地方兵权，拥有很大的权力，元稹已经很久没有担任过军事官员了，对他来说，这是一次新的挑战。

上任之后，元稹遇到了自己的好友窦巩，他正巧也在武昌军营之中，两人之前交情颇深，此次一起共事，自然是甚为开心。元稹特意下令，调遣窦巩任自己的副使。

两人虽然都担任军队要职，但这丝毫没有影响他们以诗会友的兴趣，窦巩虽出身武行，但自小也是饱读诗书，才高八斗，遇见元稹这样的大诗人，他也禁不住作起诗来，他在《老将吟》中写道：

烽烟犹未尽，年鬓暗相催。轻敌心空在，弯弓手不开。马依秋草病，柳傍故营摧。唯有酬恩客，时听说剑来。

元稹读过之后，立即和诗一首《戏酬副使中丞示四韵》：

莫恨暂櫜鞬，交游几个全。眼明相见日，肺病欲秋天。五马虚盈枥，双蛾浪满船。可怜俱老大，无处用闲钱。

元稹和窦巩拿到彼此所创作的诗之后，都开心不已。元稹便立即将它写成书信，寄给自己的好友白居易，其一是要与他分享这些作品，其二是要让白居易安心，自己在武昌有如此好的朋友，不会感到孤单，也不怕别人的明枪暗箭。

而窦巩则把诗歌寄给了裴度和令狐楚，之前窦巩曾与二人有过交情。裴度被贬职以后，经过反复思考，发现他在宫中最大的敌人不是元稹，而是李逢吉、李宗闵等人。因为元稹无论多么固执，也不会用卑鄙手段陷害自己，而李宗闵等人虽然八面玲珑，但是他们心里太过阴暗狡诈，自己之所以沦落到这般田地，都是他们几人所害。

在被贬职之后，裴度曾经写文给窦巩，希望他和元稹都能再回去做官，言辞之中，还夸耀元稹才华横溢，能力超群，是国之栋梁；而令狐楚在给窦巩的回信中也将元稹客气地称为“元公子”，足以说明他们对元稹的态度已经有所转变。

所谓公道自在人心，原先与元稹作对的裴度与令狐楚，在贬职之后，都意识到了元稹的正直。他们虽然嘴上不说，但是心中对元稹都有些许内疚，也都认为元稹是一个好官，希望同他冰释前嫌，重新修好。

而此时的元稹，已经对回京做官没有丝毫兴趣，宦游几十年，遍经河海山川，如今该为自己的余生细作打算，所以他任武昌节度使期间，在襄州的贾堑，建造了自己的房子，准备在此安度晚年。

元稹心里知道，曾经的才华和理想都已经不再重要，纷纷扰扰的人生，就像一个很大的舞台，他从前以为只有理想才是主角，而今到老，他才参透，爱情、亲情、友谊都是生命的至重。他从前总在忘情地奔跑，只要朝廷一纸调令，便奋不顾身，并尽全力，如今看来似乎有些愚蠢，怜惜眼前人，珍惜眼前景，恐怕才是人生的真谛。

看着镜中那个衰老的形象，他入仕三十余年，从踌躇满志的青年到双鬓斑白的老者，每一根白发都在诉说着同一个故事，每一丝皱纹都郁结着无数哀愁，他明亮的眼眸逐渐昏黄，他沸腾的血液逐渐冷却，直至今日，他把三十多年的奋斗全部摧毁，在废墟之上，建起自己小小的茅庐。

站在襄州的房屋前，他不禁流下了眼泪。男儿心中的憾恨无人能解，他丰盈的泪库业已崩毁，风声呜咽，青山无言，门前那“元府”二字似也在嘲弄自己，长安难归，故人难寻，纵然兵权在握，但千军万马之中，何处寻觅那些逝去的萍踪浪影？

第二节

半世飘摇心似枯木

每一个诗人心里，都有一个属于自己的桃花源。那里有辽远之境、空灵之风、蔬笋之气，应当还有几斛老酒，淡淡地散着余香，抛开人间万世非，还有几页诗篇，可以顶住遗忘。

任职武昌节度使的元稹，生活如多年前一样，公务闲暇之余，如他自己所言“倚壁思闲事，回灯捡旧诗”。当现实世界已无可恋时，他便将自己沉潜在诗歌里，但愿长醉不用醒。

其实元稹一路走来，一直在记录，也一直在回忆，他一生创作了大量的诗歌，每一首都是他的内心写照，每一首都是他精彩的瞬间，而且他的诗歌给后世带来了巨大的影响。

他是唐朝杰出的文学家和诗人，他的诗歌风格独树一帜，自成一派。后来白居易在评价元稹的时候，说他的诗歌给人们造成了“无径而走，疾于珠玉”的影响。元稹的诗歌与当时的主流派诗歌有所区别，他的诗歌中少有气壮山河、大气磅礴的味道，而是注重描写内心的情感。正是这种敏感细微的描写，使元稹的诗歌极富韵味，以至于后人将它的诗歌誉为“诗中有画，画中有诗”的境界。

元稹时常拿出自己往日的作品反复观看、反复斟酌，他喜欢回味着过去经历的每一个瞬间。从一定角度上讲，诗歌就是他的一面镜子，透过这些只言片语，他可以看到自己以前的生命状态，透过诗歌，他甚至可以还原当时的情景。这种美妙的经验是诗人才能享受的权利，那一年的颠沛流离，那一日的微风骄阳，那一刻的百感交集，都在这浓郁的墨香中弥漫开来，脑海里也就浮现了故人的模样，只是相对如梦寐，重逢心如麻。

通过回首往常的诗歌，他发现在不同时期、不同境遇中，自己的作品都有不同的风格。比如在贞元年间，那时候自己还尚未成人，但是因为家庭的变故，使自己早早对社会有了深刻的认识，从那时候开始，自己的笔调就有些世故老城，同时，他对那些布衣百姓非常同情，也写过很多有关民生疾苦的诗歌。

长大为官后，自己无意中遇到了管儿，也是从那时起，爱情初萌，情思牵动，自己才写了情诗，甚至后来写出了《莺莺传》。他清楚地记得，那是他对爱情最开始的印象，也是他整个所有诗篇中，最为美好、单纯、轻松的诗歌。

其实最让元稹难忘的，是他为韦丛写的那些诗歌，韦丛在世时，两人常常谈论文学、创作诗歌，回看那些诗歌，那时他还沉浸在新婚的喜悦中，她的温柔，他的迷醉，被他细细勾勒，一纸相思意，处处闲愁，以至于韦丛离世后，元稹为其创作了大量的悼亡诗，这些悼亡诗集中体现了他细腻的心思和非凡的才华，那既是元稹心中的怀念，也是他一辈子最温暖的记忆。

如果论元稹在诗歌上的知己，非白居易莫属。自两人同任校书郎之时，便成了生死之交。在制科考试时，他们共同创作了《策林》。此后两人无论是聚是散，无论身居何方，都会有诗歌相和。尤其是在被贬职的十余年中，两人就是通过诗歌互相倾诉、互相安慰、互相鼓励。对于二人来说，见字如见人，寥寥数语，也道尽牵挂之心。

当元稹进入朝廷任职之后，他又创作了大量揭露社会黑暗和朝廷腐败的作品，这批作品集中体现在他所创作的新乐府诗集中。他试图利用诗歌去记录当时社会的真实状态，宣泄自己心中的不满。

他的诗中，鲜有华丽的辞藻和空洞的呻吟，他的优势在于可以用最朴实的语言白描出最真实的画面、最质朴的情感，虽然都是忧国忧民，但元稹与其他诗人的空谈有所不同。在他的诗中，不仅涉及问题的核心，还会提出切实可行的方法。因为元稹长期在地方为官，时常处理这些具体之事，所以他的“忧国忧民”更加具有真实性和可行性。

一些诗人只关注政治局势的变化，而元稹则将视角主要锁定在了百姓身上，他始终将百姓作为一切的核心，没有百姓，哪来的国家。在他饱含忧患的作品中，常常以悲悯之心俯瞰苍生，任何细致的苦难他都尽收眼底，他的诗歌王国里，不仅有诗情画意，还有满目疮痍。

此外，诗歌对于元稹而言，还是重要的人生记录和回忆。幼年丧父、青年丧母、中年丧妻、贬官十年，这些生命中的大事件，元稹在诗歌中都有记载。前文说到，诗歌就是元稹的一面镜子，并且这种镜像永远不会消失，这一刻的风吹草动，便会想起那一刻的万物初萌。

随着年龄的增长，元稹诗歌的风格也在变化着，从年轻时候的目空一切、豪放俊逸，转变为沉郁、惆怅之感；从中年时期的失意潦倒、沉痛悲哀，到如今的无可奈何、随遇而安。终于身上的棱角被生活一点点研磨，再也不会“为赋新词强说愁”，愁到浓处，“却道天凉好个秋”。

其实元稹的诗歌中，到处都蕴含着浓浓的爱情、真挚的友情和身上的爱国情，他的诗歌虽然没有其他诗人那般壮丽开阔，但是他擅于从小处着眼，寄大喜大悲于精巧细腻之中。

元稹的敏感，是因为他早早就经历了家族的败落。自父亲死后，元稹便开始了流离的生活，他们虽是大户人家，但生活也捉襟见肘，入不敷出。不到十岁的元稹便知道了穷苦的滋味，也是从那时起，懂事的元稹开始心疼起自己的母亲来。

他依稀记得，母亲为了给自己请一个教书先生，连自己的陪嫁首饰都匆匆卖掉；他也记得，母亲在如豆的灯光下为自己缝补衣裳的模样；而当他犯了错，母亲又会狠狠地训斥他，然后母子二人抱头痛哭的场景……这些细节，元稹都看在了眼里，因此年幼的他便知道了体谅、照顾母亲，这使得元稹拥有了一颗温暖、细腻的心灵。

母亲郑氏的去世，是元稹受到的第一个重大打击，这远比父亲去世给他带来的悲伤还要剧烈，因为他与母亲一直相依为命。他从未想过母亲有朝一日会突然离开，对于他而言，只要母亲还在，他回航的港湾就还在，当郑氏去世时，他突然感到一种恐惧，茫茫夜路，从此就要独行。

正是对感情的重视，当元稹面对他心爱的女人时，才会那样一往情深，那样不能自拔。回首往事，爱情，一直与他同行，左右两侧，是两个令他刻骨铭心的女子——管儿和韦丛。

管儿，那个歌声悠扬，身体轻盈的女子，给他带来了第一场爱情。犹记得第一次听她弹琵琶、唱歌时，她那优美的身姿和略带忧伤的表情，令元稹心生怜爱，欲罢不能。

那是元稹第一次这样喜爱一个女子，那年他还是十来岁的落魄公子，一切都是青涩的，笨拙的、犹豫的。初尝爱情的甜蜜，他便像个孩子似的不愿离去，他固执地停留在那里，直到她转身离去。

后来他渐渐明白，管儿之所以如此绝情，是不想拖累自己，不想让风月相思影响到自己的前途，那个孱弱的女子，始终觉得自己配不上元稹，而元稹并没有觉得自己有多么的与众不同，他只知道自己是真心喜欢管儿，并想和她共度余生。但是二人缘尽，自别后直至暮年，二人再未相见。

对于管儿，元稹留下的是淡淡的惆怅，但是对于韦丛，自己却饱含内疚和不舍。想想当年，他仅仅是一个年轻的校书郎，而韦丛则是京城太子少保的千金，论官位、论家庭，自己都不能和韦丛相比。但是韦丛依然愿意嫁给自己，并且辛辛苦苦操劳家务，直到临终，都没有说过一句怨言。

正是韦丛的默默付出、无怨无悔，才使得元稹心中一直深感内疚。与韦丛一起生活时，元稹的俸禄少得可怜，尤其是在元稹为母亲去世守丧的三年里，公职、俸禄都没有了，而韦丛不仅拿出了自己多年以来的积蓄，还悄悄向父亲韦夏卿要了一些钱，帮助元稹渡过难关。每每想到这些，他都心痛不已。后来他在诗中写道：

昔日戏言身后意，今朝都到眼前来。衣裳已施行看尽，针线犹存未忍开。

尚想旧情怜婢仆，也曾因梦送钱财。诚知此恨人人有，贫贱夫妻百事哀。

在与韦丛生活的七年中，他们大部分时间都生活在窘困中，生活中的酸甜苦辣，韦丛都陪着元稹经历过了，因为贫困，他们遭人非议，受尽白眼；也因为贫困，他们相互依赖，共渡难关。也许，贫乏的物质生活是对爱情最好的试金石，而元稹和韦丛，就是在这种环境下寻得爱情的真谛。

在元稹坎坷的人生中，最大的安慰就是有三个疼爱自己的妻子。回想起如今在身边的裴淑，和已经故亡的韦丛和安氏，都让他愧疚不已，从考中科举到贬职武昌，他一直在朝廷与地方之间徘徊着，今日山南，明日海北，让自己的妻子也跟着一起颠沛流离。到如今为止，他都没有让枕边人过上安定富足的生活，在元稹心中，始终觉得韦丛和安氏的逝世，罪过都在于自己，所以他一直生活在憾恨之中。

元稹的痛苦和自责并非无病呻吟，他一生仕途太过坎坷，曾经风光一时，但大部分时间都被贬职在外。回想他少年时期寒窗苦读，在姐夫陆翰的指导与劝说下，考中了科举，与白居易一同担任朝中的校书郎。那时的他可谓是年轻有为，意气风发。

也是因为少年意气，他和白居易辞去校书郎之职，意欲在内廷为官，实现各自的理想抱负。当他考中制科之后，便开始了自己曲折的仕途之路。虽然朝中有很多人对元稹的才华与忠诚敬佩不已，但有更多的是小人们对他的为难和诋毁。在与杜佑、裴度、李逢吉等人的政治博弈中，他终究是以失败告终。

在他的政治生涯中，做过权倾朝野的当朝丞相，也当过默默无闻的地方长史，可以说，从中央核心到地方小吏，元稹都参与过，这样的巅峰与低谷，这样的跌宕与起伏，并不是人人都可接受。“居庙堂之高则忧其民，处江湖之远则忧其君”，用在元稹身上，恐怕再贴切不过。

回望过去，骄傲，失落，悔恨，淡然，一点一滴，将他缠绕成如今的元稹，成长的每一次节点都异常痛苦，远行的每一场告别都异常艰难，他艰难地履行着庄子的箴言：“举世誉之而不加劝，举世非之而不加沮”。世乱遭飘荡，江湖多风波，他的那一叶舟楫，如今还在江面上独行。

他在武昌，业已衰老，朝廷也许早就忘了他这个顽固的旧臣，内廷那些年轻的士子也许不再歌咏他的传奇，他在武昌，像一个平凡的读书人那样，在诗词、酒杯中度过自己的余生。

第三节

卒于公案浮生若梦

他从未想过死亡，虽然他早就料定自己并非长寿之人。他见证过太多人无缘无故的永别、无声无息地消失，好像他们只是为了一些遭遇，为了恰当地出现、又恰当地消失在某人面前，每每到此，思想便戛然而止，他不再想，也不愿想。此刻在武昌，便只管轻声吟唱。

武昌，北依珞珈山，南临长江水，四季分明，风光秀丽，这是唯一让他欣慰的地方，如果自己能终老于此，也算是上天对他最后的恩惠。

既然为官一日，便要为百姓造福一日，元稹便放下了心中的压力与痛苦，回归到做官最原始的状态中去，就是为民解忧。他抛开了所有的私心杂念，走进当地人们的生活当中，只有设身处地地与百姓生活，才能了解他们最需要什么、最需要改变什么。

通过体验和观察，元稹发现生活在武昌周边山区的百姓，因为恶劣的自然环境和贫瘠的耕地资源，人们的居住条件非常紧张和落后。百姓所住的房子都是用山中的竹子搭建而成的，如果出现雨涝灾害，房屋便会被山洪席卷，时任武昌观察使的韦丹曾经有意将这里的房屋进行重建。但是在修建过程中，韦丹突然病逝，致使房屋搭建过程无疾而终。

元稹此次的决定并非草率行事，他首先重新规划了百姓的居住位置和距离，选择了相对平整、开阔的地带作为百姓迁居之地，随后，又向朝廷上书请求分拨银两用于安置灾民。在他的主持调度下，百姓将原先的茅顶泥壁通通换成泥瓦，同时，他还要求百姓不得占用耕种的时间修建房屋，必须要先保证粮食收成之后，再进行改建。很快，当地百姓都住进了安全舒适的新居。

元稹的这一措施，解决了百姓长久以来的烦忧，他清廉公正，办事极有效率，想百姓之所想，急百姓之所急。很快，元稹便成了当地人们心中的好官，受到了大家的尊敬和拥戴。

这让深感“廉颇老矣”的元稹甚是欣慰，自己年过半百，虽然不可能再在朝堂上指点江山、叱咤风云，但来到这样一个小地方，用手中仅有的一点权力，发光发热，为百姓做一点实事，何尝不是另一种人生价值的体现？

渐渐地，元稹喜欢上了这里的生活，这里“无丝竹之乱耳，无案牍之劳形”，他白天忙碌公务，晚上回到他修建好的房子里陪伴妻儿，全家其乐融融，共享天伦之乐，这样的生活宁静安逸，一家人终于过上了稳定的生活。

眼前的景象，是元稹多少年梦寐以求的，他最初闯荡仕途的时候，除了政治理想之外，就想要家人过上安逸、幸福的生活。仅仅是这个小愿望，也让他等了几十年。如今虽然没有金银珠宝，没有深院豪宅，但是他们依山傍水、安静祥和。这与他几十年的颠沛流离相比，已是太好不过，所以元稹对此已非常知足，

武昌之地原属楚国，风俗众多，尤敬鬼神，当地州衙每年都要组织两个盛大的活动：一个是五月份的竞舟；一个是十月份的赛神，此种民间活动是从祖先手中流传下来的文化精髓，在民间颇受重视，其氛围之浓郁、声势之浩大，不仅武昌人将其视为重要的节日庆典，而且许多外地人都慕名前来观赏，一饱眼福。刘禹锡就曾在《竞渡曲》中写道：

沅江五月平堤流，邑人相将浮彩舟。灵均何年歌已矣，哀

谣振楫从此起。扬桴击节雷阗阗，乱流齐进声轰然。蛟龙得雨耆鬣动，螮蝀饮河形影联。刺史临流褰翠帏，揭竿命爵分雄雌。先鸣余勇争鼓舞，未至衔枚颜色沮。百胜本自有前期，一飞由来无定所。风俗如狂重此时，纵观云委江之湄。彩旗夹岸照蛟室，罗袜凌波呈水嬉，曲终人散空愁暮，招屈亭前水东注。

从刘禹锡的诗中便可看出，类似竞舟这样的民间活动已经传承数百年，成了一种民俗文化，是当地人长久以来的精神寄托，也是其他人了解该地区文化的一种渠道和符号，每年的竞舟和赛神活动，亦是当地官员最忙碌的时候。

作为诗人的元稹，当然也愿意欣赏这样的民间文化，但是作为官员，尤其是元稹这样认真负责的官员，则有着不同的想法。在他看来，竞舟时期正值五月插秧、割麦之时，而往常举办竞舟活动时，政府责令当地的人们几乎都要参加，动辄耗费十几天的时间，这样一来，便会耽误农忙的最好时期，会导致粮食无法及时收取，直接影响着百姓能否顺利过冬。

经过认真考虑之后，他决定要修改竞舟的规则。首先便是精简参赛的船只与队员，将过去成百上千的船只，改为百里挑一，减少相应参加人数。同时，也将原先十余天的时间减少至一天，最大限度地保障农业生产的进行。

因为赛神活动举行的时节正是收获稻谷的时候，在人们参加活动的十几天里，稻谷都被扔在地中，白白浪费，实在可惜。这无论是对农民的生活，还是国家的税收，都会造成损失，所以元稹也随之将赛神活动进行了调整。

人们起初对元稹的大胆改良提出过异议，认为他这样是坏了祖宗的习俗，也扫了文人墨客的诗兴，

但是，元稹的方案实行一年后，使当地粮食收成大为提高，人们的负担也减轻许多，大家对元稹的不解也渐渐消失了。

大和四年，武昌鄂州和越州相继爆发了洪水，造成当地无数房屋倒塌、船只沉没，百姓伤亡惨重，流离失所，无家可归，面对如此大的灾难，元稹猝不及防，夜不能寐。

这是元稹为官生涯里，第一次遇到如此巨大的自然灾害。在那段时间里，元稹眼看着洪水把房屋、船只和村民冲走，他虽然以最快的速度禀报朝廷、调集官兵救灾，但依然无济于事。在如此巨大的灾难面前，庶民百姓是如此的渺小脆弱、如此的不堪一击。一场洪水，几乎将他之前所做的努力全部冲毁。元稹心中感到巨大忧虑，他担心的不是自己的政绩被洪水冲走，而是这场洪水的凶猛和无情。

已经年过半百的元稹，在指挥官兵封堵河堤时，第一次感

受到了死亡的迫近，洪水滔天，白日暗暗，河堤随时都有可能崩毁，自己一个不经意的失足，也可能就此坠入江中。

但是，作为节度使的元稹，此时必须临危不乱，挺身而出，他带着武昌的百姓们，众志成城，抗击洪水。不久，洪水退去，朝廷拨发的赈灾物资也陆续抵达武昌，在此后的一年中，即将步入耄耋之年的元稹，同大家一起，重建房屋、加固堤坝、耕种良田。他四处奔行，想在自己退隐之前，将武昌恢复成从前的样子。

直到第二年，在元稹的带领下，武昌的鄂州和越州的灾后重建工作已经初具规模。但无法预料的是，又一场洪水袭击了这里，重建的房屋还没有完成，又被全部冲毁，此次伤亡虽不及上年严重，但这接二连三的灾害，严重挫败了百姓新建家园的积极性，很多人甚至想离开故土，寄居他乡。

元稹为了查清灾情，他冒着风雨，仔细巡查各处，除了指挥灾后重建，他还积极慰问、安抚受灾百姓，劝说他们不要轻易离开故土，朝廷会想尽一切办法处理善后事宜。那段时日，元稹几乎没有休息，一直在抗灾前线指挥，无论在崎岖的山路上，还是在广阔的河岸边，都能看见他蹒跚而异常坚定的背影。

洪水退去，当人们再看到府衙内的元稹时，他已经白发苍苍，完全成为一个沧桑的老人了。

大和五年（公元 831 年）七月二十二日，在巡查灾区时，五十三岁的元稹因病暴亡，卒于武昌节度使任内。

至此，元稹走完了自己坎坷的人生，直到去世的那一刻，他依旧在为朝廷、为百姓奔波着。

元稹去世的时候，正值武昌最炎热的夏季，当时洪水袭击之后，元稹带着官员和民众进行救灾和重建，身体本就虚弱的他，动辄奔波百里，在烈日下暴晒数日，终于，他累垮了自己，再也没有起来。

元稹走得突然，许多告别和托付成为永远无法实现的遗憾。但是人生就是这样，不会让每个人都尽如人意，元稹一辈子都生活在匆忙和颠簸中，来去匆匆，他的命运，似乎早已注定。

元稹虽然谢世，但他的故事还没有结束。朝廷接到消息后，众大臣震惊不已。他们都对这位才华横溢、忠君爱国之士哀伤不已，虽然元稹一直被贬在外，但在朝廷内部，人们还是对他满怀敬意。不久，皇帝下诏，追赠元稹为尚书右仆射，厚葬之。

噩耗传到洛阳，白居易顿时老泪纵横，这对他而言，不亚于天崩地裂。

他们相交三十余年，无论身处何地，都彼此牵挂在心。元稹对白居易而言，堪比至亲。而今他先于自己而去，让白居易如何接受。他的床上放声大哭，捶胸顿足，他们痛苦了一辈子，原以为退休之后可以结为邻里，享受晚年，可元稹却不辞而别，白居易万感交集，在痛哭中写下了《哭徽之二首》，以寄托哀思：

八月凉风吹白幕，寝门廊下哭微之。妻孥朋友来相吊，唯道皇天无所知。

文章卓荦生无敌，风骨英灵殁有神。哭送咸阳北原上，可能随例作灰尘？

八月本是盛夏时刻，在万物勃发之际，诗人的生命却悄然而逝，他的尸骨被带回长安，前来悼念的知己好友皆泣不成声，他们分列成行，跟随送葬的队伍一路走到咸阳北原上，这是他们送元稹的最后一程，也是尽朋友的最后一番心意。

元稹的辞世，是唐朝历史上的重大损失。这位诗歌巨匠创作出了大量的经典名作。他不仅将悼亡诗发挥得淋漓尽致，还同白居易发起新乐府运动，利用诗歌记录唐朝社会的点点滴滴，为后世了解唐朝做出了巨大贡献。

诸位诗人对元稹的逝世都深感遗憾，这位才华横溢的诗人是他们心中的英雄，虽然他的一生，没有拥有过高官厚禄，但在朋友们的眼中，他却是个刚正不阿、敢作敢为之人，面对朝中的陷害，他无所畏惧，面对十几年的贬职，他隐忍承受，毫无怨言。

元稹是幸福的，因为他受到了众多朋友的欣赏和爱护，在他人生的高潮和低谷阶段，总会有朋友相伴左右，他一生中最大的财富，就是这些好友，斯人已逝，但他的才华与忠诚，将永远刻在友人心间。

元稹是不幸的，他一生漂泊不定，不仅经历了父母、两任妻子和女儿的离世，还忍受了十几年的外贬生活。他始终在挣扎、在煎熬，他如夸父般追逐着心中的太阳，却又匆匆倒在叩问的途中。

元稹是伟大的，他一生创作了无数经典之作，以其耀人的天赋和鲜明的风格，使人们欣赏到更加真实、细腻、真诚的诗歌。在他的作品中，不仅有对国家的担忧与期望，还有对百姓、对亲人、对朋友的真挚情感。正是因为这位天才诗人的参与，才使得诗歌王国更加斑斓多彩，更加娓娓动听。

我们应该记住元稹，是他，将真挚、细腻的情感刻进了我们的心里；是他，用悲惨、辛劳的一生，为我们记录下了宝贵的历史，他的失败与伟大，都将成为过去，而他的传奇，注定还将继续。

后记

在经历了人生的悲欢离合之后，我偶然拾起那句尘封已久的诗句："曾经沧海难为水，除却巫山不是云"。那是一本带着暮秋凉意的《元稹集》，寥寥数语却平静地收纳了诗人多少刻骨铭心之作。谁的人生都非一帆风顺，谁的人生都会爱过几个人，那些哀怨惊艳的句子，虽非咳血满襟所得，仍旧是一曲离殇，令人怅惘。

我曾日日夜夜跟随元稹的脚步，回到他所生活的年代。从呱呱坠地到悄然离世，几十年的沧桑，都在我的眼前闪过。他的寂寞的才华，固执的理想，绝望的反抗，无不让我为之动容。在他波澜壮阔的人生中，有过骄傲、有过愤怒、有过辉煌、也有过彷徨，这些名词交织在一起，成为他寂寂落幕后的点缀。

如果没有童年的苦难，也许就没有读书的刻苦；如果没有亲人的离去，也许就没有感伤的情怀，也就没有那一首首经典的诗作。这仿佛是上天巧妙的安排，赋予元稹别样的经历和气质，才会为我们留下这精致、优美、沁人心脾的佳作。

元稹用他跌宕的一生尽情诠释了“人生如诗”的意义，没有那密不透风的人生，也就没有了郁结缠绵的情丝；没有那巅峰与低谷的交错，也就没有了那些平平仄仄的跫音。他用毕生的经历，细描出了一首首精致隽永，回味无穷的诗章。

这些诗章是我的梦，希望，也是你的梦。